REDLINE WIRTSCHAFT
bei ueberreuter

Stephen C. Lundin | Harry Paul | John Christensen

Für immer FISH!™

Wie Sie die Fish!-Philosophie verankern und Ihre Motivation frisch halten

REDLINE WIRTSCHAFT
bei ueberreuter

Stephen C. Lundin / John Christensen / Harry Paul
Für immer Fish!
Frankfurt/Wien: Redline Wirtschaft bei Ueberreuter, 2003
ISBN 3-8323-1013-4

Unsere Web-Adressen:

http://www.redline-wirtschaft.de
http://www.redline-wirtschaft.at

1 2 3 / 2005 2004 2003

Aus dem Amerikanischen von Sabine Schilasky
Originaltitel: »FISH! STICKS«; originally published in the United States and Canada by Hyperion.
This translated edition published by arrangement with Hyperion.

Umschlag: INIT, Büro für Gestaltung, Bielefeld
Druck: Druckerei Theiss GmbH, St. Stefan im Lavanttal
Printed in Austria

Einleitung

Manche sagen, Veränderungen wären schwierig. Ich hingegen behaupte, Veränderungen sind das Sahnehäubchen (oder die Käsekruste – je nach Gusto) auf unserem Leben. Doch die wirkliche Herausforderung besteht darin, Veränderungen *nachhaltig* umzusetzen, insbesondere solche, die das dauerhafte Engagement aller Mitarbeiter verlangen. Ganz gleich, ob Sie ein kleiner Familienbetrieb sind und Ihre Arbeit angenehmer gestalten wollen oder ein CEO, dem es in erster Linie um optimale Produktivität geht: Die wahre Bewährungsprobe für große wie kleine Unternehmen besteht in der permanenten Veränderung. Nun lassen sich innovative Geschäftspolitik, stetig verbesserte Arbeitsbedingungen, konstante Optimierung des Kundenservices oder offenerer Managementstil nur mit festen Prinzipien erreichen, die weit über das hinausgehen, was einmalige Änderungsmaßnahmen bewerkstelligen können.

Groß angelegte Veränderungen kommen gewöhnlich mit Pauken und Trompeten daher, sprich: Die anfängliche Bereitschaft scheint beinahe überwältigend. Da werden Konferenzen abgehalten, Trainingsprogramme absolviert, Veranstaltungen organisiert, Ballons und Anstecker verteilt, Wettbewerbe ausgerufen, Programme und Zeitungsartikel veröffentlicht, Poster an die Wände gehängt und Videos vorgeführt. An all dem ist überhaupt nichts auszusetzen. Oft braucht es solche oder vergleichbare Anstöße von außen, damit wir im täglichen Arbeitsleben auf bestimmte änderungswürdige Abläufe aufmerksam werden. Doch diese Anstöße allein reichen nicht aus, um kontinuierliche Veränderungen möglich zu machen. Dafür braucht es einen ganz bestimmten Motor: natürliche Energie.

Sobald die Ballons verschrumpelt sind, die Wettbewerbspreise verteilt, das Trainingsprogramm abgeschlossen und die erste Neugier auf das, was kommen mag, verpufft ist, beginnt die alte Schwerkraft wieder zu wirken, und schon droht alles wieder in die gewohnten alten Bahnen zurückzugleiten. Das fühlt sich dann ungefähr so an, als wären Sie der Beifahrer und Ihr Fahrer nimmt den Fuß vom Gas.

Die Schwerkraft nimmt dabei die verschiedensten Formen an, von denen wir nur einige nennen wollen: Ablenkung, Arbeitsrückstand, Unwillen, Langeweile, Vergesslichkeit, Pessimismus und offene Sabotage. Es ist verhältnismäßig unwichtig, welche Veränderungen zuvor anstanden – eine neue Diät oder eine neue Arbeitseinstellung – alle lohnenswerten Maßnahmen fallen über kurz oder lang der Schwerkraft anheim. Nur wenn man es schafft, diesen Mechanismen von vornherein vorzubeugen, wird ein fantastischer Betrieb mit fantastischen Mitarbeiter entstehen anstelle einer Masse frustrierter Broterwerber.

Ich habe zwanzig Jahre lang MBA-Studierende und Seminarteilnehmer darin unterrichtet, Veränderungen zu initialisieren und selbst ein Unternehmen geleitet, in dessen Branche Veränderungen praktisch zum Alltag gehörten. Dann bekam ich die Gelegenheit, als Co-Autor für *FISH!* zu arbeiten und den gleichnamigen Videofilm mitzugestalten. Seither hatte ich immer wieder die Gelegenheit, Unternehmen dabei zu beobachten, wie sie die Ideen von *FISH!* umsetzten (neben anderen Management-Prinzipien), um wichtige Neuerungen durchzusetzen und Veränderungen zum Besseren einzuleiten. Zu den wichtigsten Themen all derer, die sich der *FISH!*-Philosophie zuwandten, gehörten Arbeitsqualität, Kundenservice, Produktivität, Mitarbeiterfluktuation, Bewerberauswahl und Innovationsmanagement. Ein weiterer Grund allerdings war in sämtlichen Fällen auch der, dass die Leute einfach mehr Spaß bei ihrer Arbeit haben wollten.

Während der letzten drei Jahre habe ich beinahe eine Million Meilen zurückgelegt, um Reden zu halten und Betriebe zu besuchen, die wesentliche Veränderungsprozesse durchmachten. Mich haben besonders solche Unternehmen beeindruckt, deren Bemühungen um Veränderung zukunftsorientiert waren, sprich: die ihre Maßnahmen dahingehend ausrichteten, dass sie auch dann noch Erfolg versprachen, wenn die erste Begeisterung verflogen war. Normalerweise sind alle Feuer und Flamme, sobald sich etwas Neues auftut. Doch schon nach einem Jahr kann die Sache vollkommen anders aussehen. Deshalb müssen Energiereserven aktiviert werden, die tiefer und weiter greifen, um alles am Laufen zu halten. Glücklicherweise kann ich von vielen Unternehmen sagen, dass sie diese tieferen und weiter greifenderen Energiereserven aktivieren konnten. Ihr Wissen ist in dieses Buch eingeflossen. Was Sie hier lesen, ist die Quintessenz dessen, was ich im richtigen Leben von richtigen Menschen in richtigen Jobs erfahren habe. Selbstverständlich fehlte auch der weltberühmte Pike-Place-Fischmarkt nicht, der bereits das erste *FISH!*-Buch inspirierte und zu einer der vielen Erfolgsgeschichten zählt, aus denen wir manch wertvolle Lehre ziehen.

Die Geschichte dieses Buches ist meiner Fantasie entsprungen, basiert jedoch auf den zahlreichen Erfahrungen, die wir drei während der vergangenen Jahre machen durften. Für John Christensen ist *FISH!* nach wie vor der Dreh- und Angelpunkt seines Unternehmens, weshalb ChartHouse International zu einem Ort geworden ist, an dem Geschichten gesammelt und unbegrenzte Möglichkeiten die Ausgangsbasis bilden, von der aus wir versuchen, neue Methoden und Regeln zu erkunden. Harry Paul hat für sich das Leben als Reisender entdeckt, der überall Reden hält und Menschen berät, die sich der *FISH!*-Philosophie verschreiben wollen. So vergeht kaum ein Tag, an dem Harry uns nicht etwas zu erzählen hat, was für uns spannend und hilfreich ist.

Ja, wir können uns heute auf Tausende berufen, die nicht nur ihr Arbeitsleben, sondern auch ihr Privatleben mit neuen Möglichkeiten angereichert haben. Manche sind gescheitert, manche hatten Erfolg und bei anderen wiederum ist es zu früh, ein Urteil zu fällen. Gelernt haben wir trotzdem von ihnen allen. *Für immer Fish!* entstand daher in der Absicht, einmal genauer hinzusehen, welche Hingabe erforderlich ist, damit lohnenswerte Veränderungen – welcher Gestalt auch immer – am Leben erhalten werden. Im Grunde genommen ist es *Ihre* Geschichte: Rein zufällig habe ich sie geschrieben.

Stephen C. Lundin
Lutsen, Minnesota, USA
Herbst 2002

Um weit greifende Veränderungen durchzusetzen, braucht es Einflüsse von außen. Wer neue Visionen vermitteln will, braucht die Aufmerksamkeit aller Beteiligten.

Dennoch können äußere Einflüsse nur über kurze Zeit wirken. Letztlich ist man angewiesen auf die natürliche Energie, die an ihre Stelle tritt und dafür sorgt, dass sie von bleibender Wirkung sind.

Zum Brunch bei »Brunch«

Bei Rhonda und Will Bullock läuft der Sonntag nach einem festen Muster ab. Rhonda singt morgens in einem Gospelchor in der Kirche, und Will und die Kinder sitzen in der ersten Reihe, um ihr zuzuhören. Anschließend fährt die Familie ins Pflegeheim, wo sie ein bisschen Zeit mit der Großmutter verbringt. An besonderen Sonntagen wie diesem geht es hinterher zur Einkaufspassage, wo die Kinder sich über ein Fast-Food-Menü hermachen, während Rhonda und Will fasziniert zusehen, wie ihre Sprösslinge binnen neunzig Sekunden das gesamte Essen verschwinden lassen. Dann bringt Will die Kinder und den Babysitter ins Kino, während Rhonda sich schon mal in die Warteschlange für ein nettes kleines Restaurant einreiht, das passenderweise den Namen »Brunch« trägt.

An diesem Sonntag allerdings schweiften ihre Gedanken ab. Sie stand in der Warteschlange und dachte an das Good Samaritan Hospital, in dem sie arbeitete; eines von vielen Krankenhäusern gleichen Namens, die in New Jersey und den benachbarten Bundesstaaten zu einer festen Institution geworden sind. Seit elf Jahren arbeitete sie im Good Samaritan, doch heute bedrückte sie der Gedanke an ihren Arbeitsplatz.

»He, sehe ich da etwa Sorgenfalten auf dem bezaubernden Gesicht, das sonst nur Lächeln kennt?«

»Entschuldige, ich denke gerade an das Krankenhaus, Will. Ich weiß, dass ich damit unsere oberste Regel verletzt habe, an Sonntagen nicht von der Arbeit zu reden. Und, wie hast du es geschafft, einen Film auszusuchen, der für einen Elfjährigen akzeptabel ist, der sich für praktisch erwachsen hält, und zugleich für eine Sechsjährige infrage kommt, die mit ihrer Puppe ins Kino geht?«

»Wie immer. Mike wollte mich davon überzeugen, dass *Shaft* prima wäre, obwohl der Film erst ab sechzehn ist. Er meinte, Shaft wäre ein tolles Vorbild, und er könnte seiner Schwester ja die Augen zuhalten, wenn es kritisch wird. Tja, und Mia wollte natürlich in jeden Film mitgehen, den ihr großer Bruder vorschlägt. Als gestrenger Vater habe ich ihnen natürlich gesagt, sie müssten sich etwas ab sechs Jahre aussuchen, also haben wir uns auf den neuen ›Harry Potter‹ geeinigt. Ann sagte übrigens, dass der Film Klasse ist.«

Bei der Erwähnung des Namens sah Rhonda sofort das strahlende Gesicht ihrer Stieftochter Ann vor sich, die mittlerweile achtundzwanzig war und in Los Angeles lebte.

Schließlich kamen sie an die Reihe und setzten sich in ihre kleine Nische, wo sie die Speisekarte studierten und bestellten. Unterdes beobachtete Will seine Frau aufmerksam. Er wusste, dass sie etwas bedrückte. Sein Kosename für sie war »Happy Face«, weil Rhonda normalerweise von geradezu ansteckender Fröhlichkeit war. Sie konnte selbst den muffigsten Kellnern ein Lächeln entlocken und sie dazu bringen, ihr Fotos von ihrer Familie zu zeigen und freundlich mit ihr zu plaudern. Ihre düstere Stimmung an diesem Sonntag war mehr als ungewöhnlich.

»Vergiss unsere Sonntagsregel, Rhonda, und erzähl mir, was los ist.«

»Ich versage in meinem neuen Job.«

»Das kann ich mir kaum vorstellen«, erwiderte Will prompt.

»So ist es aber. Als ich Madeleines Posten übernahm, habe ich mir fest vorgenommen, mich nicht selbst unter Druck zu setzen. Ich wollte nicht dauernd darüber nachdenken, ob ich jemals so gut sein könnte wie sie. Madeleine war mein Idol. Ich habe diese Frau wirklich bewundert. Sie hat Leben auf eine Station gebracht, auf der zuvor niemand arbeiten wollte, weil die Atmosphäre so bedrückend war. Durch sie wurde die Station im sechsten Stock zum Kronjuwel des Good Samaritan. Alle möglichen hohen Tiere, sogar aus anderen Krankenhäusern, kamen zu uns, um sich anzusehen, was sie zustande gebracht hatte. Madeleine hat uns gezeigt, dass unsere Station kein unfreundlicher und beklemmender Ort sein muss. Dank ihr haben wir gelernt, unseren Arbeitsplatz für uns und die Patienten heiterer zu gestalten. Ich erinnere mich noch an die Zeit, bevor Madeleine bei uns Oberschwester wurde. Mir graute damals jeden Morgen davor, zur Arbeit zu gehen, obwohl ich immer gern Krankenschwester war. Natürlich habe ich versucht, mir meine Fröhlichkeit zu erhalten, aber das war wirklich hart. Jeden Abend kam ich erschöpft und niedergeschlagen nach Hause, wie du ja bestimmt noch weißt. Und dann kam Madeleine. Sie hat uns einen Film gezeigt und uns ein Buch gegeben, dessen Titel so schräg war, dass ich erst dachte, sie machte einen Witz. Doch wir haben dadurch erkannt, wie wir unseren Arbeitsplatz angenehmer und freundlicher machen können.«

Als Rhonda eine kurze Pause einlegte, um etwas zu essen, sagte Will: »Ich höre die ganze Zeit ›wir‹, aber warst *du* es nicht vor allem, auf deren Unterstützung Madeleine angewiesen war?« Will erinnerte sich noch gut daran, wie frustriert Rhonda manches Mal gewesen war, weil ihre Kollegen sich gegen die Veränderungen sträubten. »Schon wieder ein Trainingsprogramm«, nörgelten sie. »Das geht auch vorbei«, war ein Standardkommentar, ebenso wie »Hatten wir schon, kennen wir, bringt nichts.«

Rhonda dachte einen Moment nach. »Stimmt. Und ich kann den anderen nicht einmal verübeln, dass sie sich dagegen sperrten. In der Krankenpflege hat es so viele Veränderungen und Reformen gegeben, wer will ihnen da verdenken, wenn sich ihre Begeisterung in Grenzen hielt? Aber als sie merkten, dass wir ihnen kein weiteres Trainingsprogramm verkaufen wollten, sondern sie vielmehr einluden, im Team etwas vollkommen Neues zu schaffen, waren alle mit Feuereifer dabei. Es dauerte nicht lange, bis die anderen Stationen mitbekamen, was bei uns vor sich ging. Madeleine wurde zu einer echten Berühmtheit im Krankenhaus. Wir scherzten damals, sie hätte uns mit Freude, Hingabe und Mitgefühl ›geimpft‹. Tja, und nachdem sie auch den anderen Stationen geholfen hatte, für eine bessere Arbeitsatmosphäre zu sorgen, wurde sie schließlich zur Beraterin für alle Krankenhäuser an der Ostküste ernannt.«

»Rhonda, ich kenne die Geschichte von Madeleines kometenhaftem Aufstieg, und ich weiß, was für eine großartige Frau sie ist. Doch das bist du auch. Madeleine hält große Stücke auf dich. Erinnerst du dich, wie sie sagte, dass sie dir voll und ganz zutraut, die Station im Sechsten zu leiten?«

»Ja, ja, und ich denke, ich habe wirklich etwas zu dem beigetragen, was wir erreicht haben. Aber jetzt, wo ich ihren Posten habe, frage ich mich, ob ich uns das erhalten kann, was wir haben. Ehrlich gesagt beginne ich, daran zu zweifeln.«

»Wie kommst du darauf?«

»Du weißt doch von Juan, dem neuen Pfleger, den ich vor

drei Wochen eingestellt habe? Na ja, Juan war gestern bei mir und meinte, er fände richtig gut, wie wir auf unserer Station arbeiten. Trotzdem hat er das Gefühl, irgendwie nicht dazuzugehören. Er bat mich, ihn auf eine andere Station zu versetzen. Juan ist ein erstklassiger und engagierter Pfleger. Wir brauchen dringend Leute wie ihn bei uns, aber er will nicht bleiben! Irgendetwas muss ich falsch machen. Natürlich hatten wir auch früher schon Pfleger und Schwester, die den Belastungen nicht gewachsen waren, doch seit zwei Jahren haben wir niemanden mehr gehabt, der sich versetzen lassen wollte. Wir führen sogar eine Warteliste mit Leuten, die auf der Sechs arbeiten wollen. Und deshalb glaube ich, Juans Versetzungsgesuch ist ein Warnzeichen. Möglicherweise sind wir dabei, wieder in unsere alten Muster zurückzufallen. Außerdem ist die Sache mit Juan nicht das Einzige, was mir Sorgen macht.«

»Sondern?«

»Ich kann es schwer beschreiben, weil es eher ein Gefühl ist. Ich spüre, wie das Engagement schwindet. Wenn ich die Pfleger und Schwestern höre, ist da nicht mehr dieselbe Begeisterung in ihren Stimmen wie früher. Und die Ruflichter über den Zimmern blinken immer länger, ehe jemand hingeht. Die Leute helfen einander weniger, und bei besonders unangenehmen Arbeiten scheinen alle nur noch zu versuchen, sich unsichtbar zu machen. Letzte Woche hat sich ein Patient, der an einem Morphiumtropf hing, übergeben, als ich gerade zufällig an seinem Zimmer vorbeikam. Ich drückte den Rufknopf, aber es dauerte ewig, bis endlich jemand kam, um mir zu helfen ihn zu waschen und ihm ein frisches Hemd anzuziehen.«

»Ich denke, ich verstehe, was du meinst, Liebes. Andererseits musst du zugeben, dass du recht hohe Ansprüche stellst. Vielleicht macht ihr momentan einfach eine schwierige Phase durch. Du hast neue Leute eingestellt, und ein paar deiner besten Schwestern sind im Mutterschaftsurlaub. Eventuell musst du etwas Geduld haben, bis die Neuen sich eingearbeitet haben und mit deinem Tempo mithalten können.«

»Hoffentlich hast du Recht. Dennoch macht es mir schwer zu schaffen. Meine Station ist nicht mehr, was sie vor meiner Beförderung war, und ich empfinde das als persönliches Versagen.«

Ein Montagmorgen im Good Samaritan

Im sechsten Stock herrschte rege Betriebsamkeit, als Rhonda die Tür zum Treppenhaus öffnete und Richtung Pausenraum eilte. Dort gab es eine Kaffeemaschine und einen Kühlschrank für die Angestellten.

Als Rhonda eintrat, begrüßte sie die drei Mitarbeiter mit einem herzlichen »Guten Morgen«. Zwei der drei erwiderten ihren Gruß freundlich. Juan jedoch, der allein an einem Tisch saß, blickte nur kurz auf. *Was mag bloß mit Juan sein?*, fragte Rhonda sich besorgt.

Auf dem Weg zu ihrem Büro kam sie an einigen Patientenzimmern vorbei. Über zwei der Türen blinkte das Ruflicht. Sie ging in das erste Zimmer, wo Mrs. Swanson lag und um ein Glas Wasser bat. Nachdem sie eine Weile mit Mrs. Swanson geplaudert hatte, trat Rhonda wieder auf den Flur und sah, dass das Licht über der zweiten Tür immer noch blinkte. Dort angekommen, stellte sie fest, dass eine Schwester und ein Pfleger in dem Zimmer waren. Eine der Patientinnen war die ruhige und zurückhaltende Lois Anderson, und in dem anderen Bett lag eine Frau, die in der letzten Nacht eingeliefert worden sein musste. Sie schlief unruhig.

Die beiden Mitarbeiter unterhielten sich angeregt über eine Gameshow, die sie am Vorabend gesehen hatten und nahmen weder von Lois noch von dem blinkenden Licht Notiz. Als Rhonda eintrat und leise, aber freundlich »Guten Morgen« sagte, schraken sie hoch.

»Guten Morgen, Rhonda. Hast du gestern *Survivor* gesehen? Nicht zu fassen, was für einen ekligen Kram die da essen mussten.«

»Nein, habe ich nicht gesehen«, antwortete Rhonda. »Aber habt ihr zufällig gesehen, dass Lois den Schwesternruf gedrückt hat?«

Verdutzt blickten beide zu Lois, die zaghaft bat: »Können Sie mir bitte zur Toilette helfen?«

»Ich helfe Ihnen«, sagte die Schwester hastig, und der Pfleger verließ das Zimmer. Rhonda folgte ihm.

»Kannst du mir erklären, was das gerade eben sollte, Rob?«

»Tut mir Leid, Rhonda. Wir gucken beide regelmäßig *Survivor*, und irgendwie haben wir uns festgequatscht.«

»Im Patientenzimmer?«

»Ähm, tja, das war wohl nicht so gut, was?«

»Ich schätze es nicht, wenn in den Zimmern Gespräche geführt werden, die nichts mit den Patienten zu tun haben. Und ich halte erst recht nichts von Gesprächen, bei denen es um ›ekligen Kram‹ geht. Lois brauchte Hilfe, und ihr habt es nicht einmal bemerkt, obwohl ihr in ihrem Zimmer wart. Das dürfte wohl kaum mit den Grundsätzen zu vereinbaren sein, nach denen wir arbeiten wollen.«

In diesem Augenblick kam Paul, ein ausgesprochen fleißiger und zuverlässiger Pfleger, über den Flur. Er schob ein Bett, in dem ein Mann mittleren Alters lag. An dem Bettgestänge hingen zwei Infusionsflaschen.

»Guten Morgen, Paul. Bringst du uns einen neuen Patienten?«

»Ja, das ist Mr. Abbot. Er war eine Woche auf Intensiv und wird jetzt auf 614 verlegt. Auf der George-Washington-Brücke gab es letzte Nacht einen schweren Unfall, und wir brauchen sämtliche Betten auf Intensiv für die Verletzten. Deshalb müssen wir Mr. Abbot einen Tag früher als geplant verlegen.«

»Verstehe. Wir werden uns besonders gut um Mr. Abbot kümmern.«

Rhonda beugte sich hinab und flüsterte dem halbwachen Patienten zu: »Sie sind hier in guten Händen, Mr. Abbot. Ich komme später vorbei und sehe nach Ihnen.«

Rob war inzwischen verschwunden. Als Rhonda in ihr Büro kam, schrillte das Telefon. Der Rest des Tages war hektisch und arbeitsreich wie immer. Es fehlten Betten, Schwestern meldeten sich krank, Medikamentenlieferungen waren unvollständig, Angehörige von Patienten kamen mit Fragen zu Rhonda, Mitarbeiter baten um ein Gespräch, die Chefvisite musste begleitet und Pläne für die Auszubildenden erstellt werden und so weiter und so fort. Der Nachmittag war beinahe um, als Rhonda durch einen Zwischenfall erneut darauf aufmerksam wurde, dass auf ihrer Station nicht alles zum Besten stand.

Sie ging den Flur hinunter zum Schwesternzimmer, das sich in der Mitte der drei Stationsflure befand, gegenüber den Fahrstühlen. Hier hörte sie eine Unterhaltung zwischen Marge, einer strengen Schwester, die seit fünfundzwanzig Jahren in der Krankenpflege arbeitete, und Beth, einer jungen Kollegin, die gerade ihre Schicht begann.

Rhonda hörte, wie Marge zu Beth sagte: »Dieser Kerl in 614 ist eine echte Nervensäge. Den hätten sie besser noch einen Tag auf Intensiv lassen sollen. Er bimmelt in einer Tour, und wenn man hinkommt und fragt, was er will, kann man nicht verstehen, was er sagt, woraufhin er prompt genervt ist. Ich sage dir, dieser Job ist schon ohne Typen wie den hart genug. Viel Spaß mit dem!«

Mit diesen Worten stürmte Marge davon.

»Hallo Beth. Sprach Marge gerade über unseren neuen Patienten, Mr. Abbot?«

»Hallo Rhonda. Ich habe dich gar nicht kommen gehört. Marge hat mir nur von einem Problem erzählt.«

»Ist das Problem zufällig ein Patient mit einem Namen, Beth?«

Beths Kinnlade klappte nach unten, und sie errötete heftig. Dann grinste sie und sagte: »Erwischt.«

»Du genießt großen Respekt bei deinen Kollegen, Beth, und ich will diesen einmaligen Ausrutscher nicht unnötig aufbauschen. Aber ich mache mir ernstlich Sorgen. Vielleicht kannst du mir helfen zu verstehen, was hier los ist. Du warst doch unter den ersten, die unsere neue Arbeitsphilosophie unterstützten und den neuen Anstecker trugen, um allen zu zeigen, dass wir auf unserer Station anders an unsere Arbeit herangehen. Du warst dabei, als wir erkannten, wie wir die Pflege für uns und die Patienten besser gestalten können, indem wir eine positivere Einstellung wählen. Du hast mitentschieden, dass wir mehr für unsere Patienten und unsere Kollegen da sein wollen. Im gesamten Krankenhaus konnte sich durchsetzen, was wir hier angefangen haben, und trotzdem scheinen gerade wir, bei denen alles begann, wieder in die alten Muster zurückzufallen. Liegt es an mir?«

»Offen gesagt ist mir das gar nicht aufgefallen, Rhonda. Du weißt, wie sehr ich dahinter stehe, was wir hier geschafft haben. Ich liebe meine Arbeit und freue mich jeden Tag auf meine Schicht. Allein dafür hat sich die Mühe gelohnt. Natürlich macht mir nicht alles Spaß, was ich tue. Ich meine, wer kann sich schon für Bettpfannen und Infusionen begeistern? Trotzdem genieße ich die Zusammenarbeit auf der Station und schätze den hohen Anspruch, den wir an unsere Pflege stellen. Die Geschichte von den Fischhändlern, die sich jeden Tag neu vornehmen, ganz für ihre Kunden da zu sein, konnte ich sofort auf meinen Job übertragen. Aber du weißt, wie stressig es hier sein kann, und dann neige auch ich dazu, nach dem Augen-zu-und-durch-Prinzip zu arbeiten. Und im Moment wächst uns die Arbeit wirklich über den Kopf. Alle Betten sind belegt, wir haben zu wenig Personal und zu viele Patienten, die besonders viel Pflege brauchen. Einige von uns sind einfach fertig, weil sie das Arbeitspensum nicht schaffen und keine Besserung in Sicht ist. Vielleicht rutschen wir deshalb wieder in unsere alten Gleise zurück, doch das heißt nicht, dass wir weniger von dem überzeugt sind, was wir erreicht haben.«

»Erinnerst du dich daran, was du über unsere neue Arbeitseinstellung gesagt hast? Du hast es damals wunderbar auf den Punkt gebracht.«

»Ich fürchte, ich weiß nicht, was du meinst, Rhonda.«

»Du meintest, dass wir Krankenschwestern uns immer gut um die *physischen* Bedürfnisse unserer Patienten gekümmert haben, darüber aber vollkommen unsensibel für die Menschen wurden, die in diesen Körpern stecken. Habe ich dir eigentlich jemals gesagt, wie sehr mich dieser Satz berührt hat? Wir sind sensibler geworden, sind aufmerksamer gegenüber den Menschen, für die wir arbeiten, und wir müssen uns bemühen, dass es so bleibt. Unsere Patienten vertrauen uns ihren Leib *und* ihre Seele an, so wie wir mit Leib und Seele bei unserer Arbeit sind. Wenn wir das jetzt wieder vergessen, haben wir dabei genauso viel zu verlieren wie unsere Patienten.«

»Das werden wir nicht, Rhonda. Ich bin Krankenschwester geworden, weil ich für die Patienten da sein wollte. Aber es ist etwas anderes, hier zu stehen und sich darüber einig zu sein, dass wir die richtige Einstellung haben, als Tag für Tag mit einem Riesenberg Arbeit konfrontiert zu sein und nicht zu wissen, wie man all das bewältigen soll. Du weißt selbst, in was für einer Krise wir stecken, weil uns Personal fehlt. Der Stress ist einfach zu groß. Selbstverständlich will ich das Beste für die Patienten und für uns, aber das ist momentan praktisch nicht zu schaffen.«

»Ich weiß«, sagte Rhonda. »Was ich mich allerdings frage, ist, ob es nicht wesentlich leichter war, eine angenehme und für alle befriedigende Arbeitsatmosphäre zu schaffen, als sie zu erhalten. Und ich fürchte, dass genau da unser Problem liegt.«

»Na ja, immerhin haben wir etwas geschaffen, das zu erhalten sich durchaus lohnt. Wir haben eine Menge investiert, und deshalb sollten wir nicht tatenlos zusehen, wie alles wieder den Bach hinuntergeht. Schließlich war das kein Klacks, was wir auf die Beine gestellt haben.«

»Eben. Man muss es sich vielleicht so vorstellen: Was wertvoll ist, muss hin und wieder gewartet werden, damit der Wert erhalten bleibt. Als meine Tochter Ann vergaß, den Ölstand ihres Wagens regelmäßig zu kontrollieren, musste sie auf die harte Tour lernen, dass der Nutzen eines Autos mit seiner Wartung steht und fällt.«

»Ich weiß, was du meinst. Ich habe ein altes Familiensilber geerbt, an dem ich sehr hänge. Und wäre dieses Silber nicht über Generationen gehegt und gepflegt worden, hätte es niemals so lange überlebt. Heute poliere ich es, damit meine Kinder und Enkel auch noch etwas davon haben. Man muss Arbeit investieren, um Dinge zu erhalten. Das gilt für alles – Tafelsilber, Autos, Beziehungen und genauso für unsere Arbeit hier auf der Station. Ich will ja helfen, Rhonda, aber die Bedingungen sind derzeit mehr als ungünstig. Wir haben so viel zu tun, und irgendwann sind unsere Energien schlicht aufgebraucht.«

»Ich weiß, und gerade deshalb müssen wir einen Weg finden, wie wir damit zurecht kommen.«

In diesem Augenblick blinkte das Ruflicht bei Mr. Abbot auf. Mit einem Lächeln eilte Beth den Flur hinunter zu seinem Zimmer.

Ein Telefonat zur rechten Zeit

»Hallo, hier ist Rhonda Bullock. Kann ich bitte mit Margo Carter sprechen?«

»Rhonda! Wie schön, dass du anrufst. Wir haben uns ja eine Ewigkeit nicht gesehen. Wie läuft es in New Jersey? Ich habe gestern mit Will gesprochen, aber das hat er dir wahrscheinlich schon erzählt. Was macht die Arbeit? Nein, sag mir nichts, sondern lass uns lieber zusammen Mittagessen gehen und in Ruhe reden. Oder, noch besser, wir treffen uns zum Abendessen. Ich habe ganz in meiner Nähe ein tolles Sushi-Restaurant entdeckt, das du dir unbedingt ansehen solltest. Wann passt es dir? Diese Woche noch?«

Sobald neue Arbeitsmethoden eingeführt sind, beginnt die Schwerkraft zu wirken, die uns in die alten Bahnen zurücklenken will.

Anfangs sind Neuerungen an sich schon eine Quelle der Energie, doch sobald der Reiz des Neuen verblasst, muss man andere Quellen auftun, aus denen man die Kraft schöpft, das Gewonnene zu erhalten.

Rhonda war alles andere als wortkarg, aber ihre beste Freundin Margo übertraf sie noch um Längen. Die beiden Frauen kannten sich, seit sie gemeinsam auf der Grundschule waren. Nach dem College war Rhonda dann nach New Jersey gegangen, während Margo in Manhattan blieb. »Das ist eine prima Idee, Margo. Ich habe diese Woche noch freie Abende, also schlag du einen Termin vor.«

»Wie wär's mit Donnerstag, sechs Uhr? Wir treffen uns vorm Takara Too in der Sullivan Street. Das ist in Greenwich Village, zwischen Bleecker Street und Houston. Du kannst es gar nicht verfehlen, weil eine lange Schlange davor steht. Also zieh dich warm an, denn wir müssen eine Weile draußen warten, ehe wir einen Tisch ergattern. Ich muss jetzt leider los. Bis Donnerstag dann.«

Rhonda traute ihren Ohren kaum. *Eine Weile draußen warten? Warum wollte Margo dann unbedingt dorthin gehen? Na ja, jedenfalls klang es nicht uninteressant. Und genau genommen konnte man mit Margo gar nichts unternehmen, was uninteressant war.*

Takara Too

Am darauf folgenden Donnerstag übernahm Will die Kinder, und Rhonda fuhr mit dem Zug nach Manhattan. Als sie die Bleecker Street Richtung Sullivan entlangging, genoss sie die wunderschöne Architektur und das bunte Treiben auf den Straßen zwischen Soho und Greenwich Village.

Ich hatte vollkommen vergessen, wie lebendig die Stadt am Abend ist, dachte sie.

In der Sullivan Street fiel ihr sofort ein eher schlichtes Restaurant auf, das auf der gegenüberliegenden Straßenseite lag. Über der Tür war eine große Markise, von deren Seiten durchsichtige Plastikplanen hinabhingen, die bis aufs Pflaster reichten. Im Winter war es um diese Zeit bereits dunkel, weshalb Rhonda nicht allzu viel erkennen konnte, doch ungefähr ein Dutzend Leute standen auf dem Gehweg Schlange, und hinter den Plastikplanen waren ebenfalls Umrisse von Wartenden auszumachen.

Rhonda sah auf ihren Zettel, wo sie die Adresse notiert hatte. 824 Sullivan. *Das muss die Schlange sein, von der Margo gesprochen hatte – aber was sollen diese komischen Plastikplanen?*

Ein Taxi raste vorbei, als sie gerade die Straße überqueren wollte. Drüben angekommen, erkannte Rhonda den Namen, der in verblichenen Lettern auf das Fenster geschrieben war. *Takara Too.*

»Rhonda! Hier bin ich!«

Ganz am Ende der Schlange stand Margo, die beinahe vollständig von dem Rucksack verdeckt wurde, den der junge Mann vor ihr auf dem Rücken trug. Rhonda winkte ihrer Freundin zu.

»Was wolltest du denn auf der anderen Straßenseite?«, fragte Margo, nachdem sie sich zur Begrüßung umarmt hatten.

»Tja, was soll ich dir sagen? Ich bin mittlerweile eine richtige Vorortpflanze und finde mich nicht mal mehr in der Stadt zurecht, in der ich geboren und aufgewachsen bin. Aber der Fußmarsch vom Bahnhof hierher hat mir richtig gut getan. Ich hatte vollkommen vergessen, wie faszinierend dieser Teil von Manhattan ist.«

»Und was sagst du zum Takara Too?«

»Ehrlich gesagt, hatte ich etwas Trendigeres erwartet, als du erzählt hast, dass die Leute Schlange stehen um reinzukommen.«

Die Schlange bewegte sich ein Stück vor, und Rhonda blickte sich interessiert um. Unter den Plastikplanen befanden sich Heizstrahler, die die Wartenden wärmten. Durch die Tür konnte man Tische sehen, die in langen Reihen standen und den Raum von einem Ende zum anderen ausfüllten.

»Na, überrascht dich meine Restaurantwahl?«

»Ich würde eher sagen, sie macht mich neugierig. Unter New Yorker In-Lokalen stelle ich mir irgendwie etwas Moderneres vor.«

»Ach, ich könnte dir Dutzende supermoderner Sushi-Bars zeigen, die praktisch hier um die Ecke sind. Und vor denen findest du bestimmt keine Warteschlange, während die Leute hier schon nachmittags anstehen und zwar bis zum Geschäftsschluss um Mitternacht. Erstaunlich, nicht?«

Sie wurden von einem freundlichen Kellner unterbrochen, der ein Tablett mit Sushi zum Probieren trug. Er bot ihnen eine Spezialität an, die er »New-York-Rolle« nannte. Die beiden Freundinnen nahmen dankbar an.

»Also, was macht die Arbeit?«, fragte Margo, nachdem sie aufgegessen hatte. »Ist es nicht toll, dass du an der Neugestaltung mitgearbeitet hast und jetzt plötzlich der Station vorstehst?«

»Eigentlich möchte ich uns den Abend nicht ruinieren, indem ich über meine Probleme bei der Arbeit rede.«

»Probleme?«

»Ach Margo, ich freue mich so, dich zu sehen, und brenne darauf zu hören, wie es dir geht. Aber wenn ich erst mal anfange, über meine Jobprobleme zu sprechen, werde ich wahrscheinlich kein Ende mehr finden.«

»Ich bitte dich, Rhonda. Wir sind Freundinnen. Wir sollten immer füreinander da sein und über alles sprechen können. Was ist los?«

»Na ja, ich habe das Gefühl, dass alles, was wir uns auf unserer Station geschaffen haben, allmählich wieder den Bach runtergeht. Und ich habe keine Ahnung, wie ich dagegen ansteuern kann. Wir scheinen die wesentlichen Dinge aus dem Blick zu verlieren und in den alten Trott zurückzufallen, weil uns die Arbeit über den Kopf wächst und wir zunehmend mit Personalfluktuation zu kämpfen haben. Natürlich haben wir früher schon Phasen gehabt, in denen gute Leute gingen und neue kamen, die eingearbeitet werden mussten. Sei es, dass Kollegen umzogen, befördert wurden, Weiterbildungen machten oder aus familiären Gründen aufhörten zu arbeiten. Aber im Augenblick droht uns ein Großteil des Personals wegzubrechen, und das haben wir lange nicht mehr erlebt.«

»Hört, hört! Du klingst schon wie eine waschechte Vorgesetzte. Selbstverständlich hast du Recht damit, dass Fluktuationen dazugehören, doch wie sie sich letztlich auswirken, kannst du beeinflussen.«

> Personalfluktuationen gehören dazu, doch wie sie sich auswirken, liegt bei uns.

»Da ist Juan, ein neuer Pfleger, der genau die Qualifikationen mitbringt, die wir dringend brauchen. Er will nicht bleiben. Er sagt, ihm gefällt es, wie wir auf unserer Station arbeiten, aber er hat das Gefühl, irgendwie nicht dazuzugehören. Die Kollegen sind nicht unfreundlich zu ihm, sondern behandeln ihn entgegenkommend und respektvoll. Trotzdem scheint er ein Außenseiter zu bleiben. Das wäre niemals passiert, solange Madeleine noch bei uns war. Ich mag mich vielleicht wie eine Vorgesetzte ausdrücken, aber ich bezweifle, dass ich dieselbe Eignung für diesen Job mitbringe wie Madeleine. Und Juan ist nur eines von vielen Beispielen. Du weißt ja, dass wir uns vorgenommen hatten, eine angenehme Arbeitsatmosphäre zu schaffen, in der sich die Patienten ebenso wohl fühlen wie wir selbst. Jetzt sieht es aus, als fiele all das, was wir erreicht haben, dem Stress zum Opfer. Krankenpflege kann sehr aufreibend sein, und trotzdem hatten wir eine Zeit, in der wir Stress nicht zuließen. Warum können wir es plötzlich nicht mehr?«

»Du bist dir hoffentlich darüber im Klaren, dass diese Probleme vorhersehbar waren. Wäre Madeleine noch die Oberschwester, hätte sie mit den gleichen Schwierigkeiten zu kämpfen wie du.«

»Wie meinst du das?«

»Na, wenn ich eines in meinem Job gelernt habe, dann dass es zwei Paar Schuhe sind, Veränderungen durchzusetzen oder Veränderungen beizubehalten. Du musst davon ausgehen, dass Neuerungen immer der Schwerkraft des Gewohnten ausgesetzt sind. Solange alles neu ist, sind die Leute Feuer und Flamme, und man bemerkt es zunächst gar nicht. Doch wenn erst einmal Routine einkehrt, schwindet auch der anfängliche Eifer, und du musst dir überlegen, wie du die Leute motivieren kannst, bei der Sache zu bleiben. Wenn zu Beginn äußere Anreize wie Informationsveranstaltungen und dergleichen ausreichten, um die Kollegen zu begeistern, brauchst du langfristig die innere Überzeugung jedes Einzelnen, denn damit steht und fällt alles.«

»Woher weißt du das?«

»Nun, ich habe einige Erfahrung gesammelt, als ich ein Kundendienstprojekt leitete, bei dem ich mit ähnlichen Schwierigkeiten konfrontiert war. Doch davon erzähl ich dir beim Essen mehr. Erst mal muss ich dir nämlich ein Geständnis machen.«

»Ein Geständnis?«

»Ja, ich habe dir neulich am Telefon schon gesagt, dass ich mit Will gesprochen habe. Ich rief bei euch an, als du gerade nicht zu Hause warst, und da hat er mir von deinen Problemen im Krankenhaus erzählt. Weißt du, er macht sich wirklich Sorgen. Und das ist auch der Grund, weshalb ich dich ausgerechnet zu diesem Restaurant bestellt habe.«

»Du hast mit Will über mich geredet?«, fragte Rhonda, die im ersten Moment ein wenig verärgert war, im nächsten allerdings von allein einsah, dass daran eigentlich nichts war, worüber sie sich ärgern müsste.

»Ja, habe ich. Und wenn du am nächsten Tag nicht von dir aus angerufen hättest, hätte ich mich bei dir gemeldet.«

»Und du meinst, das Problem wäre dasselbe, egal wer gerade die Station leitet? Das klingt, als handelte es sich um eine natürliche Entwicklungsphase, wohingegen ich den Verdacht habe, dass es an mir liegt. Ich bin dem Job einfach nicht gewachsen.«

»Falsch. Was du erlebst, ist ein vollkommen normaler Prozess, und die gute Nachricht dabei ist, dass andere Leute in anderen Jobs dasselbe durchgemacht und Lösungen gefunden haben. Die Warteschlange vor diesem Restaurant ist seit vier Jahren fester Bestandteil des Straßenbildes. Für New Yorker Verhältnisse ist das Überdurchschnitt. Warte, bis wir drinnen sind und du Mrs. Ishihara, genannt Ishy, und ihren Mann kennen lernst – vorausgesetzt, sie haben ein bisschen Zeit, uns zu begrüßen. Ich habe unglaublich viel von ihr gelernt, was mir im Job sehr zugute kam, und ich bin überzeugt, dass sie dir ebenfalls helfen kann.«

»Eine Sushi-Köchin bringt dir Dinge bei, die dir in der Bank nützlich sind?«

»Und ob! Sie ist eine fantastische Vorgesetzte, wie du selbst sehen wirst. Und vor allem weiß sie, wie man etwas erhält, was sich als gut erwiesen hat.«

»Aber wenn sie eine Freundin von dir ist, warum müssen wir dann hier anstehen?«

»Das gehört zu ihrer Geschäftsphilosophie. Alle werden gleich behandelt. Du kannst keinen Tisch reservieren, und du darfst dich nicht vordrängeln.«

»Dann sind wir also hier, um uns anzusehen, wie sie ihr Restaurant führt?«

»Genau darum. Ishy leitete ursprünglich das Restaurant ihrer Eltern in Seattle, das ›Takara‹. Sie träumte ihr Leben lang davon, Sushi-Köchin zu werden. Nun sind Frauen in dieser Branche ungefähr so häufig wie eine Sonnenfinsternis, aber davon ließ Ishy sich nicht schrecken. Ihr Mann ist Sushi-Koch und ein richtig netter Kerl. Er hat ihr in ihrer Freizeit alles beigebracht, was sie wissen musste. Und sobald Ishy das Gefühl hatte, genug gelernt zu haben, hat sie das Restaurant in Seattle an ihre Schwester übergeben und ist nach New York gekommen, um das Takara Too aufzumachen. Heute gilt sie als eine der besten Sushi-Köchinnen der Staaten.«

»Warum ist sie ausgerechnet nach New York gegangen?«

»Warum nicht? New York ist eine Gourmetmetropole.«

Die Schlange hatte sich währenddessen weiterbewegt, und Rhonda und Margo standen direkt vor der Markise. Als sie die Plastikplanen öffneten, wehte ihnen wohlig warme Luft entgegen. In dem kleinen Zelt angekommen, nannten sie dem Kellner an der Tür ihre Namen. Die kleine Gruppe Wartender war bunt gemischt – was typisch ist für New York. Außer dem jungen Mann direkt vor ihnen waren dort Geschäftsleute in Anzügen sowie Leute, die im Grunge-Look gewandet und ausreichend gepierct waren, um sämtliche Metalldetektoren in La Guardia zum Kollabieren zu bringen, nebst einer japanischen Familie mit zwei Kindern. Der Kellner notierte ihre Namen und verschwand. Sekunden später tauchte er wieder auf, verteilte Speisekarten und empfahl die Spezialitäten des Hauses. Margo reichte Rhonda die Karte und sagte: »Ich habe meine Brille im Büro vergessen. Du wirst mir vorlesen müssen, was da steht.«

Der Kellner lächelte und nahm Rhonda die Karte ab. Er verschwand abermals und kehrte gleich darauf mit einem Silbertablett zurück, auf dem sich eine Auswahl unterschiedlich starker Lesebrillen befand, deren Stärken auf kleinen Aufklebern vermerkt waren.

Überrascht sah Margo die Brillen an, nahm sich eine in ihrer Dioptrienzahl und bedankte sich herzlich bei dem Kellner, der ihr ihre Speisekarte zurückgab.

Sie sah zu Rhonda, die das Ganze staunend beobachtet hatte. »Tja, hier denken sie sich dauernd etwas Neues aus.«

Kurze Zeit später hörten sie eine freundliche Stimme: »Ihr Tisch wäre jetzt frei.«

Als sie in das Restaurant traten, wurden sie vom gesamten Personal mit einem japanischen Gruß und Händeklatschen empfangen. Diese eher ungewöhnlich herzliche Begrüßung verfehlte ihre Wirkung keineswegs, sondern schuf eine Atmosphäre von Leichtigkeit und gespannter Vorfreude, beinahe so, als wären sie gekommen, um ein Abenteuer zu erleben.

Rhonda und Margo setzten sich auf zwei Stühle am Ende einer Tischreihe, nahe beim Tresen, wo die Sushi-Teller vorbereitet wurden. Sie lächelten ihren Tischnachbarn zu – was für New Yorker absolut untypisch ist, in diesem Rahmen jedoch vollkommen natürlich schien.

Hinter dem Tresen arbeiteten vier Sushi-Köche, die mit erstaunlicher Schnelligkeit und Fingerfertigkeit die Fischgerichte zubereiteten. Sie riefen einander in einem fort etwas zu und unterbrachen ihre lebhaften Unterhaltungen nur, um neue Gäste mit Applaus zu begrüßen. Das Lokal lag im Erdgeschoss eines Altbaus, mit hübschem Stuck an den Wänden und Decken. Vor den Seidentapeten baumelten bunte Papierfische und Pergamentbilder mit japanischen Schriftzeichen. Heizkörper und Rohrleitungen waren nicht verkleidet, und die Tische und Stühle waren schlicht und ein wenig abgenutzt, aber sehr sauber. Im ganzen Restaurant gab es keinen einzigen freien Platz.

Ishy zu erkennen, war nicht weiter schwierig, da sie die einzige Frau hinter dem Tresen war. Sie lächelte und winkte Margo zu, als sie sie entdeckte.

»Na, was hältst du vom Takara Too?«

Ehe Rhonda etwas erwidern konnte, kam ein Kellner an ihren Tisch. Er fragte, ob sie sich schon für ein Getränk entschieden oder Fragen zum Speisenangebot hätten. Sie bestellten Tee und sahen auf ihre Karten. Dann blickte Margo auf und sagte: »Wir werden Ishy die Zusammenstellung unseres Sushi überlassen.«

Der Kellner nickte freundlich, und Ishy, die gerade ganz in der Nähe stand, kicherte.

Rhonda gestand ihrer Freundin Margo: »Ich weiß ja, dass viele Leute für Sushi schwärmen, aber offen gesagt mag ich am liebsten die Südstaatenküche und dazu Dr. Pepper-Light.«

»Vertrau mir, das Essen hier ist nicht übertrieben exotisch, und außerdem hast du eine Riesenauswahl.«

»Na schön, ich werde es auf mich zukommen lassen.«

Der Kellner kehrte mit derselben ruhigen Gelassenheit an ihren Tisch zurück, die Rhonda bereits bei dem Mann an der Tür aufgefallen war. Er stellte ihr ein Glas Dr. Pepper-Light hin und nickte lächelnd, als Rhonda ihn verblüfft ansah.

»Ich weiß, dass du wenig Erfahrung mit Sushi hast, aber das Essen ist heute Abend eher Nebensache«, erklärte Margo. »Obwohl ich dir versichern kann, dass hier nur ausgezeichnete Qualität serviert wird.«

»Wir sind hier, damit ich Ishy kennen lerne?«

»Ja, wobei ich direkt einräume, dass die Begegnung mit ihr dir nur dann nützlich sein wird, wenn meine Schlussfolgerungen aus dem, was Will mir erzählte, zutreffen. Sollte ich mich irren, kannst du wenigstens ein gutes Essen genießen und wir zwei werden nett geplaudert haben. Falls ich jedoch Recht habe, wirst du sowohl einen schönen Abend bei gutem Essen verbringen als auch eine Frau kennen lernen, die den Schlüssel zu einer nachhaltigen Verbesserung der Arbeitsatmosphäre in Händen hält. Ishy hat mich jedenfalls gerettet, als ich in der Bank auf Probleme stieß, die denen ziemlich ähnlich waren, die du jetzt hast. Ich war seinerzeit ausgewählt worden, um den Kundenservice umzugestalten. Anfangs lief alles wie am Schnürchen, und wir galten als vorbildlich für die gesamte Bankenbranche. Aber damit habe ich dich vor drei Jahren schon ohne Ende zugeredet.«

»Ach ja, ich erinnere mich an das Programm. Hieß es nicht ›WOW‹ oder so ähnlich?«

»Exakt. Du hast ein fantastisches Gedächtnis.«

»Und was geschah dann?«

»Nun ja, ungefähr zu der Zeit, als die Bank mich in Anerkennung unseres Erfolges zu einem städtischen Trainingsprogramm für Führungskräfte anmeldete, schien die Sache wie eine Seifenblase zu zerplatzen. Du kannst dir vorstellen, wie peinlich mir das war. Ich sollte eine Ehrung bekommen für etwas, was soeben im Begriff war, sich als Reinfall zu erweisen.«

»Ich weiß noch, dass ich damals einfache Schwester war und dachte, eine leitende Stellung käme für mich nie infrage, weil ich auf keinen Fall dasselbe durchmachen wollte wie du. Übrigens denke ich heute wieder so.«

»Schmeiß nicht gleich die Flinte ins Korn, Rhonda. Falls es überhaupt so etwas wie ein natürliches Talent zur Personalführung geben sollte, verfügst du allemal darüber. Also, in diesem Trainingsprogramm begegnete ich Ishy. Ishy hatte von Anfang an den Dreh raus. Sie schaffte es, dass ihre Restaurantgäste immer wieder herkamen und anderen erzählten, wie gut es ihnen hier gefiel. Ishy, ihr Mann und der Rest der Belegschaft haben ein Patentrezept, wie sie ihre Vision von einem großartigen Sushi-Restaurant dauerhaft verwirklichen. Und das in New York, wo der Konkurrenzkampf gnadenloser tobt als sonst irgendwo.«

»Und was ist das für ein Patentrezept?«

»Geduld, Geduld, Rhonda! Lass erst mal das Takara Too auf dich wirken und warte, bis Ishy Zeit für uns hat. Sie kann es dir sowieso am besten erklären. Glaube mir, ich habe unzählige Bücher zum Thema Motivation gelesen, aber wie man es schafft, eine Vision zu vermitteln, die langfristig Bestand hat und dem Wettbewerb gewachsen ist, weiß ich von ihr.«

Der erste Gang wurde serviert.

»Ms. Bullock und Ms. Carter, Ihre gegrillte Gelbschwanzmakrele«, sagte der Kellner und stellte eine Platte mit einem großen Fischstück auf den Tisch. »Ich freue mich, Sie wiederzusehen, Ms. Carter, und ich hoffe, dass es Ihnen bei uns gefällt, Ms. Bullock. Falls Sie irgendeinen Wunsch haben, nehmen Sie einfach dieses kleine Sushi-Stück von dem Sockel. Daran erkenne ich, dass Sie mich brauchen und muss Sie nicht unnötig stören. Sie dürfen es selbstverständlich gern essen, müssen es aber nicht.« Mit diesen Worten legte er ein Stück Sushi auf den Minipodest in der Mitte des Tisches.

»Vielen Dank. Ach, darf ich Sie etwas fragen«, Rhonda blickte auf das Namensschild, »Tako?«

»Natürlich.«

»Woher wussten Sie, dass ich eine Dr. Pepper-Light wollte?«

»Ich hörte, wie Sie es erwähnten. Ich kann Ihnen allerdings auch ein anderes Getränk bringen, falls Sie es wünschen.«

»Aber nein! Dr. Pepper-Light ist genau das Richtige für mich, danke. Ich habe es nur nicht auf Ihrer Getränkekarte gesehen.«

»Weil wir es normalerweise nicht führen. Aber ein Stück die Straße hinunter ist ein Supermarkt, der gekühlte Erfrischungsgetränke anbietet, und ich konnte ein bisschen Bewegung gebrauchen. Ich hoffe, es schmeckt Ihnen.« Der Kellner verbeugte sich lächelnd und ging einem anderen Kellner helfen, der einen soeben frei gewordenen Teil des Tisches abräumte.

»Tja, dann sollten wir vielleicht erst mal essen«, schlug Margo vor. »Dieses ist übrigens der Hals der Gelbschwanzmakrele, der als besondere Delikatesse gilt. Also schnapp dir die Stäbchen und probier.«

»Ja, sofort. Aber wieso kannte er meinen Namen?«

Margo grinste. »Erinnerst du dich, wie wir in der Schlange vor der Tür standen?«

»Ja, der Mann an der Tür hat sich unsere Namen geben lassen und sie wiederholt. Ich wunderte mich, was das sollte, aber jetzt wird mir klar, dass er die Namen der Gäste an die Kellner im Restaurant weitergibt. Bleibt die Frage, wann er den Kellnern sagt, wer hereinkommt.«

»Ich habe keine Ahnung, doch so viel ist sicher: Das System ist genial.«

Nun machten sich die Freundinnen endgültig ans Essen und genossen die unterschiedlichen Köstlichkeiten, die ihnen serviert wurden. Irgendwann im Verlaufe des Essens kam der Kellner mit einem Klapphocker an ihren Tisch und setzte sich zu ihnen. Er fragte sie nicht etwa, ob es ihnen schmeckte oder sie noch einen Wunsch hätten, sondern verwickelte sie in ein Gespräch über das Sushi. Wenngleich die Unterhaltung kaum länger als eine Minute dauerte, war es eine angenehme Plauderei, bei der Tako ihnen das Gefühl gab, alle Zeit der Welt zu haben.

Visionsmomente

»Hat euch das Sushi geschmeckt?«, fragte Ishy, die zu Rhonda und Margo an den Tisch gekommen war.

»Es war fantastisch, Ishy. Wie du weißt, wollte ich dich mit meiner Freundin Rhonda bekannt machen. Ich sagte dir ja schon, dass sie im Good Samaritan arbeitet.«

»Willkommen im Takara Too, Rhonda. Ich habe zwar im Moment ziemlich viel zu tun, wollte Sie aber auf jeden Fall begrüßen und Ihnen jede Hilfe anbieten, die ich Ihnen geben kann. Margo und ich hatten vor ein paar Jahren eine Menge Spaß dabei, uns Methoden auszudenken, wie ihrer Bank zu helfen wäre. Allerdings ist Sushi-Zubereitung und ein Restaurant zu leiten wohl weit weniger kompliziert als Krankenpflege. Trotzdem glaubt Margo, dass ich Ihnen vielleicht ein paar Tipps geben kann. Also fragen Sie am besten einfach drauflos.«

»Okay. Wie schaffen Sie es, dass die Leute seit vier Jahren geduldig Schlange stehen, um in Ihr Restaurant zu kommen?«

Ishy strahlte übers ganze Gesicht. »Ein ›Visionsmoment‹ nach dem anderen.«

»Visionsmoment?«

»Wir wollen, dass unsere Gäste eine angenehme Erfahrung mitnehmen, wenn sie unser Restaurant verlassen, und jeder Einzelne von uns fühlt sich persönlich verantwortlich, diese Erfahrung mitzugestalten. Wie wir alle wissen, kann die Schlange vor dem Restaurant schon morgen verschwunden sein – aus welchen Gründen auch immer. Also müssen wir dafür sorgen, dass jeder Moment, den die Gäste hier erleben, zu etwas Besonderem wird. Als Margo und ich damals in dem Trainingsprogramm waren, hat man uns eine Menge darüber erzählt, dass man genau wissen muss, was man erreichen will, damit man sein Ziel formulieren und damit zu einer gemeinsamen Vision machen kann. Na ja, und so sind wir bei Takara Too darauf gekommen, jeden Moment, der sich uns bietet, zu nutzen. Daher kamen wir auf die Bezeichnung ›Visionsmoment‹.«

»Oh, ich glaube, ich habe heute einige dieser Visionsmomente gesehen. Der eindruckvollste war wohl der, als ich eine Dr. Pepper-Light bekam.«

»Ja, das habe ich gesehen. Tako bemüht sich ständig, unseren Kunden kleine Extras zu bieten.«

»Und das hervorragende Sushi tut ein Übriges.«

»Zweifellos. Die Qualität unseres Sushi ist ausschlaggebend, doch wir sollten nicht vergessen, dass auch andere Restaurants ein ausgezeichnetes Sushi bereiten. Vor unserem steht deshalb täglich eine lange Schlange, weil die Kunden mögen, was sie hier erleben. Und wir bemühen uns unablässig, ihnen die bestmöglichen Erfahrungen mit auf den Weg zu geben.«

»Und wie sehen die Erfahrungen aus, die Sie anstreben?«

»Das dürfen Sie mir verraten. Schließlich haben Sie es gerade erlebt.«

»Na gut, ich versuche es, aber seien Sie mir nicht böse, wenn ich irgendetwas auslasse. Zum einen würde ich sagen, dass die Qualität der Gerichte von Bedeutung ist. Margo erzählte mir, wenn Sie keinen einwandfreien Thunfisch bekommen, servieren Sie lieber gar keinen als minderwertigen. Und dann ist da noch die Einrichtung des Restaurants – Understatement und Stilmix, schlicht und einladend zugleich. Außerdem ist Ihr Personal freundlich und aufmerksam, was gewiss nicht aufgesetzt ist. Ach ja, und dann wären da noch die Probehäppchen, die wir serviert bekamen, als wir draußen standen und uns die Füße abfroren.«

> Visionen lassen sich nur in Echtzeit vermitteln, indem wir die Möglichkeiten erkennen und nutzen, die sich uns bieten. Diese Möglichkeiten werden zu »Visionsmomenten«, sobald wir aktiv werden.

Ishy lächelte und sagte: »Tut mir Leid, die Fußwärmer waren uns ausgegangen, kurz bevor ihr angekommen seid. Aber erzählen Sie weiter.«

»Die Markise mit den seitlichen Plastikplanen zeigt, dass Ihnen Ihre wartenden Kunden am Herzen liegen, und ist darüber hinaus ein Blickfang auf der Straße. Außerdem ist die Begrüßung auf japanisch mit Applaus eine lustige Idee. Aber was mich am meisten beeindruckt hat, ist die ruhige gelassene Art, mit der Ihre Kellner ihre Arbeit machen. Sie gibt mir das Gefühl, ich hätte die ganze Nacht Zeit, und dabei decken sie in einem fort neu ein. Und erst im Nachhinein fällt mir auf, dass ich zwar jeden einzelnen Gang in Ruhe genießen konnte, Ihre Leute aber sofort abgeräumt haben, als wir fertig waren. Die Kellner sind so schnell, dass Ihre Gäste in Ruhe genießen und sich um nichts zu kümmern brauchen. So, wie war ich?«

»Sie können morgen anfangen!«, sagte Ishy, und alle drei lachten.

Nach einer kurzen Weile wandte sie sich erneut an Rhonda. »Ich meinte es übrigens ernst damit, dass ich Ihnen gern helfen will, so weit ich kann, Rhonda. Rufen Sie mich einfach an. Die meisten Dinge, die zu unserer Vision eines guten Restaurants gehören, haben Sie ja bereits allein erkannt. Der Trick besteht allerdings darin, diese Vision am Leben zu erhalten, indem wir täglich unsere persönlichen und unsere gemeinsamen Visionsmomente leben. Wie mir Margo erzählte, haben Sie im Good Samaritan einige beachtliche Veränderungen durchgesetzt. Aber das ist erst der Anfang. Was Sie jetzt brauchen, ist etwas, das den Motor am Laufen hält.«

»Sie meinen, ich sollte meinen Leuten im Krankenhaus von den Visionsmomenten erzählen?«

»Ich meine, Sie sollten mit Margo einen Spaziergang machen und in einer Stunde wieder herkommen. Dann mache ich Feierabend, und wir können uns unterhalten. Können Sie das einrichten?«

Rhonda blickte zu Margo, die mit dem Kopf nickte. »Können wir. Wir sind in einer Stunde zurück.«

Ein Sushi-Spaziergang

Als sie aufstanden, rief Ishy etwas auf Japanisch. Die drei Köche hinter dem Tresen grinsten und wiederholten den Satz im Chor.

»Ich frage mich, was sie wohl gesagt hat. Die Köche schienen es reichlich lustig zu finden.«

»Ich glaube, sie sagte ›die Sushi-Hexe kehrt an ihre Arbeit zurück‹«, sagte Margo. »Das sind die kleinen Verrücktheiten, mit denen sie sich zwischendurch gegenseitig aufmuntern.«

Nachdem Rhonda Will angerufen hatte, um ihm mitzuteilen, dass sie deutlich später als geplant nach Hause kommen würde, verließ sie mit Margo das immer noch vollbesetzte Restaurant. Das Gespräch mit Ishy gab ihr einen Hoffnungsschimmer. *Wenn das vier Jahre funktioniert, vielleicht kann dann …*

»Komm, wir werfen mal einen Blick auf die anderen Sushi-Lokale in der Nähe«, schlug Margo vor. Rhonda stimmte zu, und so machten sie sich auf zu einer Besichtigung der drei anderen Sushi-Restaurants, die zu Fuß von hier zu erreichen waren. In keinem der Restaurants waren besonders viele Gäste, obwohl dies immer noch die Hauptgeschäftszeit für die städtischen Restaurants war, und der Donnerstag als Spitzentag in der Gastronomie galt. Eines der Restaurants, dessen Ausstattung mindestens eine Million Dollar verschlungen habe musste, war fast leer.

Margo blickte durch das Fenster. »Sie haben die teuerste Inneneinrichtung, die man sich denken kann, aber ihnen gelingt es einfach nicht, ihren Gästen ein Erlebnis zu bescheren, das einen bleibenden Eindruck hinterlässt. Ich bin sicher, dass sie ein ausgezeichnetes Sushi servieren, aber ihnen fehlt die Vision. Die nobelste Ausstattung nützt nichts, wenn man außerstande ist, die passende Atmosphäre zu schaffen. Womit wir wieder beim Krankenhaus wären. Du und deine Mitarbeiter, ihr habt eine klare Vision, welche Atmosphäre auf eurer Station herrschen soll. Ihr habt dafür gesorgt, dass Patienten und Personal in einem Umfeld interagieren, das die Heilung der Person und nicht eines einzelnen Symptoms in den Vordergrund stellt. Was ihr jetzt braucht, ist eine Methode, wie ihr das am Leben erhaltet, was ihr mit so viel Mühe geschaffen habt. Ihr müsst verhindern, dass alles wieder in die alte Routine zurückgleitet.«

Echte Gespräche

Ishy erwartete sie an einem freien Tisch, der etwas abseits stand. Noch saßen einige Gäste im Restaurant, die begeistert den letzten Gang ihres Abendessens genossen. Rhonda beschloss, direkt auf den Punkt zu kommen, da alle drei Frauen einen langen, anstrengenden Tag hinter sich hatten.

»Wenn Sie an meiner Stelle wären, Ishy, was würden Sie als Erstes tun?«

»Ich würde damit anfangen, über die Arbeit zu sprechen und über Sie.«

»Über mich? Was meinen Sie damit?«

»Über Ihre persönliche Deutung der Vision. Lesen Sie mal, wie Unternehmensvisionen normalerweise beschrieben werden. Sie quellen über vor blumigen Ausdrücken, mit denen die abstraktesten Dinge vermittelt werden sollen. Das liegt meistens daran, dass die Aktionäre und Gesellschafter damit glücklich werden sollen. Ihre eigene Vision sollte jedoch zielgerichtet, ausführlich und persönlich formuliert sein. Und das erreichen Sie am besten, indem Sie über sie sprechen. Eigentlich erreichen Sie es nur dadurch. Wenn Ihre Vision eine bestimmte Form der Krankenpflege ist, ERKENNEN Sie sie am ehesten, wenn Sie mit anderen über Ihre Arbeit reden und darüber, wo Sie Ihren Platz innerhalb der Vision sehen. Ich empfehle Ihnen übrigens, eine Weile zu warten, bevor Sie im Krankenhaus darüber sprechen. Viele Leute reagieren anfangs irritiert, wenn sie von persönlichen Deutungen hören, und Sie können eine Menge bewegen, ohne darüber zu reden.«

»Keine Sorge. Ich werde bestimmt nicht ins Krankenhaus marschieren und über persönliche Deutungen dozieren, solange ich selbst noch nicht begriffen habe, was damit gemeint ist. Aber lassen Sie mich versuchen zusammenzufassen, was Sie mir erklärt haben: Ich sollte mit jedem Einzelnen über seine oder ihre persönliche Sicht dessen sprechen, was wir auf der Station geschaffen haben?«

»Genau! Beginnen Sie mit Fragen wie: Was ist das, wofür *wir* alle Kraft aufwenden? Wozu haben *wir* uns verpflichtet? Erst dann kommen persönlichere Aspekt ins Spiel: Was ist *meine* Rolle in dem Ganzen? Worum geht es *mir*? Und ähnliche Fragen. Sie müssen die Menschen dazu bringen, innezuhalten und darüber nachzudenken, was sie tun und wie sie es tun. Das Beste an solchen Gesprächen ist, dass allein das Sprechen etwas bewirkt. Wir aktivieren sozusagen unsere natürlichen Energien, wenn wir über Dinge reden, die uns wichtig sind. Und die Art und Weise, wie wir unseren Arbeitstag erleben, ist uns allen wichtig, weil sie einen Großteil unseres Seins bestimmt. Echte Gespräche darüber wecken daher genau die Energie, die wir brauchen, um unsere Visionen langfristig tragfähig zu machen.«

»Das stimmt. Ich hatte Anfang dieser Woche ein Gespräch mit einer Mitarbeiterin, die ich auf einen Fehler ansprach, den sie gemacht hatte«, erzählte Rhonda. »Daraus hat sich eine Unterhaltung entwickelt, die ihr sichtlich geholfen hat, neue

Kraft zu schöpfen. Sagen Sie, Ishy, darf ich vielleicht noch einmal wiederkommen? Sie haben mir einen wunderbaren Ansatzpunkt gezeigt, aber ich habe trotzdem das Gefühl, dass das erst die Spitze des Eisberges ist.«

Ishy erklärte sich mit Freuden bereit, und Rhonda und Margo machten sich auf den Weg zum Bahnhof. Dort umarmten sich die beiden Freundinnen, und Rhonda stieg in den Zug nach Hause. Kaum dass sich die Wagen in Bewegung gesetzt hatten, holte sie Block und Stift hervor, um sich ein paar Notizen zu machen. Sie wollte nicht riskieren, irgendetwas von dem zu vergessen, was sie heute Abend gelernt hatte.

Unsere persönliche Vision erkennen wir nur im Gespräch, das wir mit unseren Kollegen über unsere Arbeit führen. Solche Gespräche sollten echt und leidenschaftlich sein. Echt im Sinne von authentisch, weil wir uns nichts vormachen dürfen, und leidenschaftlich, weil wir einen Großteil unseres Lebens mit Arbeit verbringen und sie deshalb wesentlich mitbestimmt, wie zufrieden wir sind.

Der Freitag verging wie im Flug, und das Wochenende verbrachte Rhonda hauptsächlich damit, einen Shuttle-Service für ihre Kinder zu betreiben. Zwischendurch hatte sie ein langes Gespräch mit ihrer Stieftochter Ann in L.A. Sie hatte von Anfang an ein sehr herzliches Verhältnis zu Ann gehabt, und mit jedem Jahr kamen sie einander näher. Nach den Telefonaten wurde Rhonda regelmäßig traurig, dass Ann nicht mehr bei ihnen in New Jersey lebte. Diesmal war allerdings eine Ausnahme, da sie am Telefon vereinbart hatten, dass ihre Stieftochter bald zu Besuch kommen würde.

Die bevorstehende Woche

Die Kinder waren in ihren Zimmern und machten Hausaufgaben, und Rhonda dachte mal wieder an die Arbeit. Sie sah ihre Notizen durch, die sie nach dem Abend im Takara Too gemacht hatte.

Notizen zum Abendessen mit Margo im Takara Too

Margo meint, auch wenn Madeleine noch Oberschwester auf der Station wäre, wären die Probleme dieselben. Die Abhängigkeit von äußeren Anreizen muss ersetzt werden durch die Aktivierung natürlicher Kraftquellen. Auf äußere Anreize kann man sich nur anfangs, nicht aber langfristig verlassen.

Die Schwerkraft alter Gewohnheiten wirkt von dem Augenblick an, da Veränderungen durchgesetzt wurden.

Ishy leitet seit vier Jahren das beliebte Takara Too, in dem sie den Gästen ein besonderes Erlebnis beschert.

Ishy wird mir weiterhin bei meiner Aufgabe im Good Samaritan helfen, indem sie mir beibringt, wie sie die Vision des Takara Too lebendig hielt.

Am Anfang stehen echte Gespräche.

»Visionsmomente« sind eine interessante Idee.

Dass ich eine Dr. Pepper-Light bekam, verdanke ich einem Visionsmoment Takos, ebenso wie Margo ihre Leihlesebrille dem Visionsmoment des Empfangskellners.

Wir sprachen über unsere persönliche Deutung der Vision, doch ich bin mir in diesem Punkt noch nicht sicher genug, um mit anderen darüber zu reden.

Was ich sofort tun kann, ist, echte Gespräche mit den Kollegen zu führen. Mögliche Fragen wären:

- Was wollen wir auf unserer Station schaffen?
- Wozu haben wir uns verpflichtet?
- Wie sehe ich meine persönliche Rolle innerhalb des Ganzen?
- Was ist für mich ein Erfolg?
- Wie können wir einander helfen, nicht in die alten Gewohnheiten zurückzufallen?

Ich muss mit den Gesprächen beginnen. Sie bilden den Ausgangspunkt für eine lange Reise, während derer wir lernen wollen, uns die Verbesserungen zu erhalten, die wir im Krankenhaus erreicht haben.

Sie legte die Notizen beiseite und erinnerte sich daran, was Ann und sie einmal beschlossen hatten. Sie hatten einander versprochen, sich jede Woche ein bisschen Zeit – sei sie auch noch so kurz – für sich allein zu nehmen. Und Rhonda wusste, wenn sie sich nicht jetzt diese Zeit nahm, wäre die Woche um, ohne dass sie zu sich gekommen war.

Zum letzten Geburtstag hatte Ann ihr die gesammelten Gedichte von David Whyte geschenkt, und Rhonda beschloss, sich ihre Lieblingsgedichte noch einmal anzusehen, bevor sie Mike und Mia ins Bad scheuchte.

Dieser Dichter faszinierte sie immer wieder aufs Neue, zumal sie keinen anderen Lyriker kannte, der seine Werke in Unternehmen vortrug.

Heute Abend stieß sie auf ein Gedicht, das ihre momentane Situation besonders treffend zu umschreiben schien, und sie las es wieder und wieder.

Die Reise

Von David Whyte

Über den Bergen
verlassen die Gänse den Schatten
und kehren ins Licht zurück

sie malen ihre
schwarzen Silhouetten
auf den blauen Himmel.

Manchmal muss alles
auf den Himmel
geschrieben sein

damit wir den
einen Satz finden,
der schon
in unserem Inneren steht.

Manchmal braucht es einen
riesigen Himmel,
um sie zu finden –

jene kleine, leuchtende
und unbeschreibliche Empfindung
von Freiheit
in unseren Herzen.

Und manchmal hat jemand
mit den verkohlten Holzstücken
eines erloschen Feuers

etwas eingetragen
in die Asche
unseres Lebens.

Wir gehen nicht
wir kommen gerade erst an.

Ich komme gerade erst an. Ich komme an, an einem fremden Ort, den niemand zuvor auf demselben Weg erreichte wie ich, und wo mich eine einzigartige Herausforderung erwartet. Ich habe alles, was ich brauche, doch keine Garantie dafür, dass ich Erfolg haben werde. Wir haben am Good Samaritan Großes erreicht, das wir nur erhalten können, indem wir es beständig mit neuen Impulsen nähren. Wenn wir nichts unternehmen, werden wir zwangsläufig scheitern. Also werde ich damit beginnen, echte Gespräche zu führen – oder, wie David Whyte es wahrscheinlich ausdrücken würde, leidenschaftliche Gespräche über unser Leben an unserem Arbeitsplatz.

Erste Gespräche

»Guten Morgen, Ping.«

»Hallo Rhonda. Was machst du denn im Pausenraum? Doch machst doch sonst nie hier Pause.«

»Tja, ich schätze, das war ein Fehler. Nach meiner Beförderung hätte ich öfter herkommen sollen, um mich mit den Kollegen zu unterhalten. Immerhin seid ihr diejenigen, die die Arbeit machen, und mich würde interessieren, wie du zu dem stehst, was wir auf unserer Station erreicht haben. Macht es dir etwas aus, dich mit mir zu unterhalten, während du deinen Kaffee trinkst?«

»Gibt es ein Problem mit meiner Arbeit?«, fragte Ping misstrauisch und ein wenig genervt.

»Ganz und gar nicht, Ping. Ich bin nicht hier, um dich zu kritisieren. Du leistest vorbildliche Arbeit. Gerade deshalb möchte ich mit dir reden, wobei ich mir selbst nicht sicher bin, wie ich ein solches Gespräch am besten anfange. Worüber ich mit dir sprechen will, ist unsere Arbeit hier und was sie jedem Einzelnen von uns bedeutet. Du weißt schon: ein echtes Gespräch über unser Arbeitsleben.« Ping entspannte sich sichtlich. »Coole Idee, Rhonda. Lass mich nur eben meine Kaffeetasse auffüllen, ja? Dann bin ich für dich da. Möchtest du auch irgendetwas?«

»Nein, danke.«

»Du willst also hören, was ich von dem halte, was wir hier tun. Was genau planst du, dabei herauszufinden?«

»Mich interessiert, was in deinem Kopf vorgeht, während du deine Arbeit machst. Du bist eine großartige Krankenschwester, Ping, und eine sehr nette Kollegin. Verrat mir einfach, was dich anspornt.«

»Erst mal danke für die Blumen. Weißt du, früher hatte ich mir vorgenommen, eine *gute* Krankenschwester zu sein, aber als Madeleine uns erklärte, dass die Wahl bei jedem Einzelnen von uns liegt und wir die Möglichkeit haben, mit demselben Aufwand nicht nur einen *guten*, sondern einen *großartigen* Job zu machen, ging mir ein Licht auf. Seitdem versuche ich, die Dinge leichter und entspannter anzugehen. Hier im Krankenhaus gibt es schon genug Kollegen, die alles verbissen sehen, falls du verstehst, was ich meine.«

»Durchaus. Das ist mir auch aufgefallen«, sagte Rhonda und lachte.

»Na ja, außerdem bemühe ich mich, ein offenes Ohr für die Patienten zu haben. Wenn ich in ihren Zimmern bin, will ich hundertprozentig für sie da sein. Und ich versuche, meine Kollegen bestmöglich zu unterstützen. Ich sehe das so: Meine Arbeit macht einen Großteil meines Lebens aus, und ich will das bestmögliche Leben, das ich bekommen kann.«

»Ist dir aufgefallen, dass das Engagement, mit dem wir uns unter Madeleine um eine angenehme Arbeitsatmosphäre bemüht haben, zu bröckeln beginnt?«, fragte Rhonda und wagte damit den Sprung ins kalte Wasser.

»Jetzt, wo du es erwähnst, ja, es ist mir aufgefallen. Aber was hält schon ewig?«

»Dann nimmst du einfach hin, was geschieht?«

»Aber nein! Für mich ist die Arbeit sehr viel befriedigender, seit wir unsere Station umgekrempelt haben. Vorher wollte ich mich auf die Intensivstation versetzen lassen. Ich hatte mich sogar bei anderen Kliniken beworben. Doch als mich vor ein paar Wochen das Mercy Hospital anrief und mir eine Stelle auf der Intensivstation anbot, inklusive Bonuszahlung bei Vertragsunterzeichnung, habe ich abgelehnt. Ich wollte hier nicht weg. Ich hatte zu viel investiert, und ich arbeite gern in meinem Team. Na ja, zumindest mit den meisten aus meinem Team. Und ich möchte nie wieder so arbeiten, wie wir früher gearbeitet haben. Die Zeiten, in denen ich permanentes Klagen und Maulen hinnehme und dumpf meinen Job mache, sind vorbei – endgültig.«

»Ja, ich weiß, was du meinst.«

»Ich werde nie vergessen, wie es mir wie Schuppen von den Augen fiel, dass wir etwas verändern müssen. Madeleine hatte uns diesen Film über die Fischhändler in Seattle gezeigt, und kurz darauf war ich im Zimmer eines Patienten. Ich machte gerade einen Verbandswechsel, unterhielt mich dabei aber mit Heather, die draußen auf dem Flur stand. Da sah ich in das Gesicht des Patienten und erkannte, wie sich meine Abwesenheit darin spiegelte. In dem Moment wurde mir klar, dass wir für unsere Patienten da sein müssen, dass es vor allem um sie geht. Und das war erst der Anfang.«

»Erzähl weiter, Ping.«

»Wie soll ich das beschreiben? Irgendetwas passierte, als ich lernte, mich nicht ablenken zu lassen und Dinge, die ich tat, bewusst zu tun. Ich wurde zufriedener, glücklicher und verlor das Gefühl, ständig unter Druck zu stehen. Na ja, und nachdem ich begriffen hatte, dass es in der Krankenpflege um den Patienten und mich geht, wurde mir klar, dass es bei allem, was ich tue, um meine Arbeit und mich geht. Das ist es, was wir erreicht haben, Rhonda, und für mich ist es von unschätzbarem Wert.«

»Klingt wie Musik in meinen Ohren. Bist du einverstanden, wenn ich anderen erzähle, was du mir gerade gesagt hast?«

»Natürlich, aber lass bitte meinen Namen da raus. Der ist sowieso unerheblich für unsere Zwecke.«

»Was meintest du, als du sagtest ›mit den meisten aus deinem Team arbeitest du gern zusammen‹?«

»Nun ja, ein paar von den Neuen scheinen sich nicht recht einzufügen.«

»Denkst du dabei an Juan?«

»Das hast du gesagt. Aber wenn du es genau wissen willst, ja, Juan bleibt irgendwie immer außen vor.«

»Hast du mit ihm schon mal darüber gesprochen, wie wir unsere Station und die Zusammenarbeit hier sehen?«

»Nein. Ist das nicht Sache der Leitenden?«

»Ich habe inzwischen eine leitende Stelle. Falls du also Recht hast und es meine Aufgabe gewesen wäre, habe ich versagt. Sollte Juan gehen, was sich wahrscheinlich nicht mehr vermeiden lässt, verlieren wir eine hervorragende Pflegekraft. Ich war dabei, als er sein Vorstellungsgespräch hatte und habe seine Bewerbungsunterlagen gesehen. Sein letzter Arbeitgeber lobte Juans Engagement und Fleiß in den höchsten Tönen. Selbstverständlich werde ich alles tun, um das Problem in den Griff zu bekommen, aber ich fände es gut, wenn du ebenfalls mit Juan sprichst. Erzähl ihm, wie du unsere Station siehst, und frag ihn, was er für sich erwartet. Ich wäre dir sehr verbunden, wenn du dich mit Juan und ein paar anderen aus dem Team zusammensetzen könntest, um mit ihnen über das zu sprechen, was wir hier gerade bereden. Ich hatte mir vor unserem Gespräch übrigens einige Fragen notiert.«

»Klar, mach ich gern. Kannst du mir vielleicht sagen, welche Fragen du dir überlegt hattest?«

»Natürlich. Hier sind sie: Warum hast du dich für deinen Beruf entschieden? Was versuchen wir auf unserer Station im Good Samaritan zu erreichen, und welche Erfahrungen sollen die Patienten und wollen wir von hier mitnehmen? Wie trägst du persönlich zu diesen Erfahrungen bei? Worum geht es dir vor allem?«

Im Laufe der Woche hielt Rhonda sich so oft wie möglich im Pausenraum auf. Sie kam morgens früher, um noch mit den Kollegen aus der Nachtschicht zu sprechen, und ging nachmittags später, um Zeit mit den Mitarbeitern aus der zweiten Schicht zu verbringen. Keiner der Kollegen, die länger hier waren, wollte wieder in die alte Routine zurückverfallen. Alle begeisterten sich nach wie vor für das, was sie erreicht hatten. Aber die neuen Mitarbeiter bestätigten ihr einhellig, sich wie Außenseiter zu fühlen. Und niemand hatte versucht, die drei Kollegen zu integrieren, die als Vertretungskräfte eingestellt worden waren. Zwar waren auch mit ihnen ausführliche Einstellungsgespräche geführt worden, doch keiner hatte sich die Zeit genommen, ihnen von der gemeinsamen Vision zu erzählen, die die Arbeit auf der Station bestimmte.

Am Donnerstag kam Rhonda in die Cafeteria, wo Juan allein an einem der Tische saß. Mit ihrem Tablett in der Hand ging sie zu ihm.

»Hallo Juan. Darf ich mich zu dir setzen, oder möchtest du lieber allein essen?«

Im ersten Augenblick schien ihre Frage ihn zu verblüffen, doch dann antwortete er lächelnd: »Nein, setz dich gern her. Ich bin auch eben erst gekommen.«

Rhonda nahm Platz, und beide aßen eine Weile schweigend, bevor sie sagte: »Habe ich dir eigentlich erzählt, wie beeindruckt das Auswahlkomitee von dir war, als du dich vorgestellt hast?«

»Nein, aber freut mich zu hören. Als meine Frau befördert wurde und wir nach New York umzogen, habe ich mich an verschiedenen Krankenhäusern beworben. Dieses gefiel mir auf Anhieb am besten, weil ich die Ideen gut fand, die hier vertreten werden. Ich dachte, genauso will ich auch arbeiten, aber inzwischen denke ich, das war ein Trugschluss.«

»Warum ein Trugschluss?«

»Na ja, ich passe da irgendwie nicht rein. Ihr habt die Spielzeuge, die Poster und die ausgestopften Fische überall, aber ich bleibe bei all dem außen vor. Die Kollegen scheinen prima zusammenzuarbeiten und eine Menge Spaß zu haben, aber ich gehöre nicht dazu. Wahrscheinlich liegt es daran, dass ihr euch das alles erarbeitet habt, bevor ich kam. Ich habe mich gestern mit Ping unterhalten, und bis jetzt beschäftigt mich, worüber wir gesprochen haben – allerdings im positiven Sinne.«

»So?«

»Ja. Wir hatten eine ›ernsthafte‹ Unterhaltung, falls du verstehst, was ich meine. Ich habe ihr gesagt, dass ich mich aus dem Team ausgeschlossen fühle, woraufhin sie mir erzählte, die anderen hielten mich für unnahbar. Wow! Das saß, sage ich dir. Ich habe darüber nachgedacht und versucht, die Sache aus ihrer Perspektive zu betrachten.«

»Und wie denkst du darüber?«

»Tja, ich bin zu dem Schluss gekommen, dass ich mich mit den anderen unterhalten sollte, um zu begreifen, was genau ihr auf dieser Station wollt. Eigentlich finde ich es sogar gut, selbst mitverantwortlich dafür zu sein, dass mich das Team akzeptiert. Solche Dinge erfordern nunmal Engagement von beiden Seiten, was mir vorher nicht so klar war.«

»Wenn ich dir irgendwie helfen kann, lass es mich wissen.«

»Mach ich. Und vielen Dank, dass du mir das mit dem Auswahlkomitee erzählt hast. Ein bisschen Lob konnte ich gut gebrauchen.«

In diesem Moment ertönte ein Ruf aus den Lautsprechern. »Rhonda Bullock, bitte auf die Sechs.«

»Die Pflicht ruft, Juan. Bis später.«

Vor den Fahrstühlen stand ein längere Warteschlange, und Rhonda entschied sich für die Treppe. Als sie auf ihrer Station ankam, waren ein paar der Schwestern gerade dabei, den Patienten in der Mittagspause etwas vorzusingen. Sie hatten sie hergerufen, weil sie ihre Stimme brauchten, und Rhonda reihte sich begeistert in den Chor ein.

Überraschung!

Seit ihrem Essen im Takara Too waren mehrere Wochen vergangen, während derer Rhonda immer wieder das Gespräch mit den Mitarbeitern gesucht hatte. Niemand konnte genau sagen warum, aber die Unterhaltungen zeigten Wirkung, und das Engagement nahm spürbar zu. Doch leider schlug ausgerechnet jetzt das Schicksal erbarmungslos zu.

»Guten Morgen, Rhonda. Reichlich bunt habt ihr's hier.«

Rhonda drehte sich um und sah Phil, den Krankenhausdirektor, der mit einer großen Frau in einer makellos weißen, gestärkten Uniform samt altmodischer Schwesterhaube auf sie zukam.

»Guten Morgen, Phil.«

»Ich möchte dir unsere neue Pflegedienstleiterin vorstellen. Mable Scallpell. Sie kommt aus dem Stammhaus. Wie du weißt, war der Posten lange Zeit unbesetzt, und ich bin froh, eine so qualifizierte Kraft zu bekommen.«

»Freut mich, Sie kennen zu lernen. Wie möchten Sie angesprochen werden?«

»Nennen Sie mich bitte ›Miss Scallpell‹.«

»So, dann lass ich euch beide mal allein, damit ihr euch bekannt machen könnt«, sagte Phil und verschwand auffallend schnell.

»Danke, Phil«, rief Rhonda ihm hinterher. »Wo haben Sie vorher gearbeitet, Miss Scallpell?«

»Ich war die letzten fünfzehn Jahre Leiterin der Forschungsabteilung. Und ich freue mich schon darauf, die Jahre bis zur Pensionierung wieder im Pflegedienst zu arbeiten. Diese Klinik genießt im Stammhaus einen ausgezeichneten Ruf.«

»Ja? Das hören wir gern.«

»Aber ist es hier nicht ein bisschen zu wild für die Patienten?«

»Wild?«, fragte Rhonda erstaunt und wurde misstrauisch.

»Ich meine all die bunten Bilder, die Plastikfische auf den Namensschildern, die Spielzeuge und das. Ich bin sicher, diese Dinge lenken die Leute davon ab, sich richtig um die Patienten zu kümmern.«

»Den meisten Patienten gefällt es sehr gut, wie wir unsere Station gestalten. Und uns erinnern die Fische und die anderen Sachen an die Geschichte von dem Fischmarkt, auf dem die Verkäufer bei der Arbeit spielen. Wir haben von ihnen gelernt, dass wir uns unsere Arbeitseinstellung frei wählen, wie wir für die Patienten wirklich *da sein* können und mehr Spaß haben, indem wir anderen eine Freude bereiten.«

»Ich denke, diese Abzeichen an den Namensschildern und die Spielsachen sollten verschwinden.«

»Aber ...«

»Kein Aber, die Sachen verschwinden. Es mag die erste Entscheidung sein, die ich hier im Hause treffe, aber ich halte sie für überaus wichtig. Und sagen Sie Ihren Schwestern bitte, dass wir in Zukunft anders arbeiten werden. Krankenpflege muss professionell sein. Da haben alberne Namensschilder und Spielzeuge nichts verloren. Professionalität duldet keinen Firlefanz. Außerdem sollten Sie überlegen, ob richtige Schwesternuniformen nicht angebrachter sind als das, was Sie tragen. Noch Fragen?«

»Also, ich ...«

»Sie sind noch nicht lange Oberschwester, nicht wahr? Sie sind nicht einmal ein Jahr dabei.«

»Ja, aber ...«

»Sie werden sehen, dass es besser so ist. Ich erwarte einen wöchentlichen Bericht von Ihnen, den Sie mir jeweils montags in mein Büro bringen. Wir werden Montagmorgen darüber reden, welche Fortschritte Sie gemacht haben.«

Das muss ein Scherz sein

»Ich möchte gern mit Phil sprechen.« – »Er telefoniert gerade. Wollen Sie einen Termin vereinbaren, Rhonda?«

»Ich werde warten, danke.«

»Aber ich bin nicht sicher, wann er frei sein wird. Kann ich ...«

»Hallo Rhonda.« Phil stand in der Tür seines Büros und sah reichlich zerknirscht aus. »Komm rein.«

Rhonda setzte sich auf den Besucherstuhl vor seinem Schreibtisch und kam direkt zum Punkt: »Phil, du hast gewusst, was du uns da ins Haus holst, stimmt's? Das sehe ich dir doch an. Miss Scallpell ist die Personifizierung all dessen, was wir hier genau nicht wollten. Ihre Uniform ist derart gestärkt, dass sie darin schlafen könnte, ohne umzufallen. Und wenn du ein ›L‹ aus ihrem Namen streichst, passt das genau darauf, wie gefährlich sie für uns ist. Das muss doch ein schlechter Scherz sein, dass du uns so eine Frau vor die Nase setzt, wenn wir gerade versuchen, zu retten, was wir ...«

»Rhonda, bitte, beruhige dich und lass mich erklären. Natürlich werde ich dich weiterhin bei dem unterstützen, was ihr an revolutionären Veränderungen durchgesetzt habt. Aber ich leite nun mal nur dieses Krankenhaus und unterstehe damit dem Direktorium des Stammhauses. Miss Scallpell ist hoch qualifiziert und bringt alles mit, was sie in ihrem Job hier braucht. Und sie wollte unbedingt noch einmal in der Pflege arbeiten, bevor sie in den Ruhestand geht. Sie mag anfangs ein paar unglückliche Entscheidungen getroffen haben, aber das liegt allein daran, dass sie sich in den Krankenhausbetrieb erst wieder einarbeiten muss. Und bevor sie in die Forschungsabteilung ging, war sie eine hervorragende Krankenschwester. Außerdem ist sie eine großartige Verwaltungskraft.«

»Unglückliche Entscheidungen! Sie will, dass ich alles wieder abschaffe, was auch nur irgendwie mit Spaß bei der Arbeit zu tun hat. Sie sagt, unsere Station sei zu bunt und das wäre unprofessionell.«

»Ich weiß, wie hart das für dich ist, Rhonda, aber hör mir zu. Mit Miss Scallpell kann man reden. Außerdem ich weiß, dass sie nur das Beste für die Patienten will.«

»Mag sein, trotzdem rege ich mich auf. Seit ich Madeleines Posten übernommen habe, merke ich, wie unser Engagement nachlässt und wir Gefahr laufen, wieder in die alten Bahnen zurückzugleiten. Wir haben darüber gesprochen und versuchen, dem entgegenzuwirken. Und gerade, als wir erste Fortschritte machen, taucht Miss Scallpell auf! Sie sagt, die Poster, die Namensschilder und alles, was uns an das erinnert, was wir erreichen wollen, muss verschwinden.«

Phil zuckte mit den Schultern. »Versuch, das Beste daraus zu machen, Rhonda. Ich kann dir nur sagen, dass Miss Scallpell für die nächsten achtzehn Monate die Pflegedienstleiterin sein wird. Und ich werde sie voll und ganz unterstützen, wenn es um die Pflege der Patienten und das Wohlbefinden unserer Mitarbeiter geht. Ich verlasse mich darauf, dass du damit klarkommst. Haben wir uns verstanden?«

»Voll und ganz, Phil. Findet die Hinrichtung bei Sonnenaufgang statt?«

»Sehr witzig. Lass mich dir einen Rat geben. Ich meine, ich bin immer noch der Chef dieses Krankenhauses und als solcher profitiere ich natürlich auch von der guten Arbeit, die das Pflegepersonal leistet.«

»Wirklich komisch. Und was wäre dein Rat?«

»Überleg doch einmal, wo und wie Miss Scallpell vorher gearbeitet hat. Versuch, die Dinge aus ihrer Warte zu sehen. Wenn man mit jemandem zu tun hat, der lange in der Forschung tätig war, braucht man Fakten, Zahlen und greifbare Ergebnisse, mit denen man überzeugen kann. So, und nun muss ich gehen. Ich habe eine Sitzung und bin jetzt schon spät dran. Ich habe mir trotzdem Zeit für dich genommen, weil ich mir durchaus darüber im Klaren bin, dass dich die Situation vollkommen unerwartet trifft. Und bevor ich verschwinde, möchte ich dir Folgendes mit auf den Weg geben: Wenn die Arbeitsatmosphäre und die Einstellung der Mitarbeiter mit Postern, Namensschildern und Spielzeugen steht und fällt, sollten wir uns fragen, ob wir wirklich etwas verändert oder nur die Räumlichkeiten umdekoriert haben. Denk mal darüber nach.«

Neuigkeiten verbreiten sich schnell

Das ganze Krankenhaus sprach von nichts anderem mehr als Mable Scallpell. Wo man auch hinhörte, überall war die neue Pflegedienstleiterin Gesprächsthema Nr. 1. Während der Fahrstuhlfahrt zurück in den sechsten Stock begegnete Rhonda einem Arzt, mit dem sie besonders gern und gut zusammenarbeitete und der ihr seine volle Unterstützung zusagte. Er stieg im fünften Stock aus und rief ihr zum Abschied zu: »Du musst für das kämpfen, was ihr erreicht habt, Rhonda. Der sechste Stock ist eine großartige Station und bietet die perfekte Umgebung für unsere Patienten.«

Das Erste, was sie zu hören bekam, als sie die Station betrat, war: »Wir werden uns wehren. Das kann sie mit uns nicht machen. Dafür haben wir viel zu hart gearbeitet!« Und diese Sätze sprachen genau das aus, was sie dachte. Da sie das Gefühl hatte, dringend eine Minute Ruhe zum Nachdenken zu brauchen, ging sie in ihr Büro und schloss die Tür hinter sich.

Sie setzte sich an ihren Schreibtisch und starrte eine Weile vor sich hin. Dann fiel ihr Blick auf ihre Notizen, die sie sich nach dem Besuch des Takara Too gemacht hatte.

... auf äußere Anreize kann man sich nur am Anfang verlassen ... später müssen die Anreize von innen kommen und die Energie, die man von außen gewonnen hatte, durch natürliche innere Energie ersetzt werden ...

Was ist außen und was innen? Die Poster hängen an den Wänden, damit sie uns an das erinnern, worum es uns geht. Aber nehmen wir sie überhaupt noch wahr? Oder haben wir uns inzwischen so sehr an sie gewöhnt, dass sie zu einer Kulisse geworden sind? Nehmen wir die Fische als selbstverständlich, ohne uns länger bewusst zu machen, wofür sie stehen?

Möglicherweise hat Miss Scallpell nicht ganz Unrecht. Vielleicht ist es Zeit, dass wir uns aus unserer Abhängigkeit von »Narrenkappentagen« und Ähnlichem lösen. Doch wie will ich meine Mitarbeiter davon überzeugen, dass wir damit keinen gewaltigen Schritt zurückmachen?

Rhonda beschloss, kleine Gruppensitzungen einzuberufen, und die Sache positiv anzugehen. Beim ersten Treffen erklärte sie kurz, was ihre neue Chefin von ihnen erwartete, bevor sie den Mitarbeitern sagte, dass sie große Hoffnungen in die Gespräche setzte, die sie neuerdings über ihre Arbeit führten. »Diese Unterhaltungen sind sehr ermutigend, und ich hoffe, wir werden sie auch in Zukunft beibehalten.«

»Aber was ist mit Miss Scallpell?«, platzte Chelsie mit der Frage heraus, die offenbar allen auf der Zunge lag. »Was hält sie denn von unseren Gesprächen?«

»Sie profitiert von der Arbeit, die wir hier leisten.«

»Nein, ich meine, wird sie nicht versuchen, uns die Gespräche auch noch zu verbieten? Das sähe ihr zumindest ähnlich, der Schreckschraube.«

»Ich denke, wir sollten keine voreiligen Schlüsse ziehen.

Außerdem halte ich nichts davon, über Leute herzufallen, die nicht anwesend sind und sich daher nicht verteidigen können. Ich habe mich selbst erst unlängst dabei erwischt, als ich dasselbe tat, und ich bin alles andere als stolz darauf. Hatten wir nicht gesagt, auf unserer Station wollen wir so etwas nicht? Durchhecheln von Abwesenden schafft eine negative Arbeitsatmosphäre. Deshalb habe ich mir vorgenommen, Einwände, die ich gegen Miss Scallpells Entscheidungen habe, mit ihr direkt zu besprechen und nicht mit Dritten. Wir sollten ihr dieselbe Höflichkeit entgegenbringen, mit der wir uns gegenseitig behandeln.«

Nach einer kurzen Pause folgte allgemeines Kopfnicken.

»Was wir tun, trägt zum Wohl der Patienten und zu unserem eigenen bei. So viel können wir mit Sicherheit sagen, da wir alle dabei waren, als wir unsere Arbeitseinstellung und unsere Arbeitsweise veränderten. Und wir haben gesehen, dass unser Engagement für mehr Menschlichkeit und mehr Freude auf andere Stationen abfärbte. In diesem Punkt dürften wir uns mit Miss Scallpell einig sein, denn auch sie möchte vor allem, dass es den Patienten gut geht.«

Auch bei der zweiten Gruppensitzung galt die erste Zwischenfrage Miss Scallpell. Daraufhin meldete sich Ping, um etwas zu sagen.

Was hat Ping vor? dachte Rhonda unsicher. *Sie fällt mir jetzt hoffentlich nicht in den Rücken, denn ich bin auf ihre Unterstützung angewiesen.* »Ja bitte, Ping.«

»Ich habe darüber nachgedacht, vor welche Herausforderung

uns Miss Scallpell stellt, und über alles, was wir in unseren Arbeitsplatz investiert haben. Während der Gespräche, die wir in letzter Zeit geführt haben, wurde mir klar, dass es eine Tragödie wäre, wenn wir alles aufgeben, was wir an Großartigem erreicht haben.«

Da haben wir's. Verlangt Ping etwa von mir, dass ich für unsere bunten Poster und unsere Fische kämpfe?

»Wir alle haben zu den enormen Verbesserungen sowohl unserer Arbeitsbedingungen als auch der Pflege der Patienten beigetragen, und deshalb haben wir auch eine Menge zu verlieren. Dennoch denke ich, dass Miss Scallpells Reaktion auch eine Chance für uns bergen kann.«

»Eine Chance, Ping?«. Ungläubiges Raunen erhob sich im Raum, aber Rhonda dachte nur: *Mach weiter so!*

»Ja. Ich glaube, wir haben uns zu abhängig gemacht von Äußerlichkeiten. Wir haben ein Spaßkomitee, Plastikfische an unseren Namensschildern, einen festen Tag, an dem alle im Hawaii-Hemd kommen, Mahlzeiten, die unter einem Motto stehen, und servieren Lakritzfische und Fischcracker bei unseren Besprechungen – obwohl diese Cracker wirklich nicht besonders toll schmecken. Natürlich will ich damit nicht sagen, wir sollten alles lassen, was mit Spaß zu tun hat, aber all diese Sachen haben nicht mehr dieselbe Wirkung wie am Anfang. Selbstverständlich sollten wir auch weiterhin ein paar ausgefallene Aktionen veranstalten, die uns den Tag verschönern und unsere Patienten aufheitern, doch das allein reicht vielleicht nicht mehr.«

Nun meldete sich Beth zu Wort. »Genau das habe ich auch schon überlegt. Es ist gefährlich, sich nur auf Äußerlichkeiten zu verlassen, und genau das haben wir gemacht. Wie wir jetzt sehen, können diese Äußerlichkeiten praktisch von einem Tag auf den anderen verschwinden. Ob nun ein neuer Boss kommt, der etwas abschafft, oder irgendetwas anderes passiert, man muss immer damit rechnen, dass sich äußere Bedingungen ändern, ohne dass wir vorher um unser Einverständnis gebeten werden. Wir müssen unsere Kraft aus unserem Innern schöpfen, persönlich Verantwortung dafür übernehmen, dass die Fröhlichkeit und Menschlichkeit an unserem Arbeitsplatz erhalten bleibt. Nur dann sind wir gefeit gegen unvorhersehbare Veränderungen, die jederzeit eintreten können. Der Zweck all der Dekoration war doch, für die Patienten und für uns eine Atmosphäre zu schaffen, in der wir glücklich sind. Und das hat funktioniert, was aber nicht bedeuten muss, dass es ohne die Dekoration nicht funktionieren kann.«

Und ich habe mir Sorgen gemacht, weil ich eine Revolte erwartete! Ich habe diese Gruppe maßlos unterschätzt.

Rhonda war begeistert. Die beiden Mitarbeiter hatten soeben zusammengefasst, worauf Margo und Ishy sie erst kürzlich aufmerksam gemacht hatten. Vielleicht wussten Ping und Beth es schon länger, oder aber sie sind während der Gespräche, die Rhonda angeregt hatte, darauf gestoßen worden. Wie dem auch sei: Sie hatten es erkannt, und das war die Hauptsache.

Juan machte einen Vorschlag. »Warum stecken wir uns die

kleinen Plastikfische nicht innen an die Kleidung, so dass sie von außen nicht sichtbar sind? Uns bleiben so die Symbole erhalten, die für unsere Arbeitseinstellung stehen, und gleichzeitig drücken wir damit aus, dass wir persönlich die Verantwortung übernehmen. Der Fisch wird verinnerlicht, sozusagen.«

Hierauf folgte eine kurze Diskussionen über ›äußerlich‹ und ›innerlich‹. Schließlich ergriff Ping wieder das Wort. »Ich finde die versteckten Fische und Sticker völlig in Ordnung, solange wir sie wirklich benutzen, um uns jederzeit an das zu erinnern, was wir uns vorgenommen haben. Wir müssen uns darüber im Klaren sein, wie viel wir zu verlieren haben. Außerdem könnten wir unseren Fisch so anstecken, dass wir ihn jederzeit einem Patienten oder Angehörigen zeigen können. Sie werden uns wahrscheinlich fragen, was das zu bedeuten hat, und so werden wir immer wieder in unseren eigenen Worten erklären müssen, welche Ansprüche wir an uns stellen. Jedes Mal, wenn wir das tun, erinnern wir uns dann selbst daran, wofür wir uns engagieren. Versteht ihr, was ich meine?«

Alle stimmten ihr begeistert zu, und Rhonda entschied spontan, ihnen von ihrem Abend in Manhattan zu berichten.

»Ihr seid wirklich ein fantastisches Team. Deshalb möchte ich euch etwas erzählen, was ich bisher für mich behalten habe. Ich habe euch ja bereits gesagt, welche Sorgen ich mir machte, weil ich fürchtete, dass wir wieder in unsere alte Routine verfallen würden. Und wie mir scheint, fürchten wir uns alle davor. Inzwischen habe ich einiges darüber gelernt, wie wir es anstellen, dass unsere Arbeitsmethoden langfristig erfolgreich sind, und hoffe, noch viel mehr zu lernen – und zwar von einer Sushi-Köchin.«

Bei dem Wort *Sushi-Köchin* klappten einige Kinnladen herunter, aber Rhonda fuhr unverdrossen fort: »Wir haben leider keine Möglichkeit, Extrastunden zu bekommen, um alle Mitarbeiter von Anfang an in diesen Lernprozess einzubinden. Daher schlage ich vor, dass sich für jede Schicht und jedes Team Freiwillige melden, denen ich weitergeben kann, was ich Neues gelernt habe und lernen werde.«

Ein Team wird gebildet

Rhonda war froh, dass Ping, Beth, Chad und ein paar andere sich sofort bereit erklärten, ihre Schicht oder ihr Team zu vertreten. Das erste Treffen fand zwei Tage später um halb vier Uhr nachmittags im Pausenraum statt.

»Vielen Dank, dass ihr euch freiwillig gemeldet habt. Ich weiß, wie viel Arbeit ihr habt und welches Opfer ihr bringt, indem ihr hier erscheint. Für diejenigen, die jetzt schon Feierabend haben und entweder hier sind oder länger auf der Station bleiben, um für einen für euch einzuspringen, konnte ich eine Überstunde herausschlagen. Das ist zwar nicht viel, aber immerhin kriegt ihr dafür schon eine Tasse von dem miserablen Krankenhauskaffee. Und nun zur Sache: Eine Freundin von mir stellte mich vor kurzem einer Frau vor, die in Manhattan ein

Sushi-Restaurant betreibt. Es heißt Takara Too. Diese Frau hatte die Idee zu den Gesprächen, die wir in letzter Zeit über unsere Arbeit führten. Sie hat mir angeboten, sich an einem der Ruhetage des Restaurants mit uns zusammenzusetzen und uns zu erzählen, wie sie und ihre Mitarbeiter es anstellen, ihre Begeisterung am Leben zu erhalten und den Kunden immer wieder aufs Neue ein einzigartiges Erlebnis zu bescheren. Wie erfolgreich sie sind, kann man schon daran erkennen, dass Abend für Abend eine lange Schlange New Yorker in der Kälte steht und gelassen abwartet, bis drinnen ein paar Plätze frei werden. Ishy selbst stammt aus Seattle. Dort betreibt ihre Familie seit 1950 ein Restaurant, das all die Jahre sehr erfolgreich war. Natürlich hat es über die Jahrzehnte Veränderungen gegeben, aber ihr Hauptaugenmerk galt immer und ausschließlich ihren Kunden. Als Tempura aus der Mode kam und alle Welt Sushi essen wollte, haben sie sich so schnell umgestellt, dass sie dabei nicht einen einzigen Kunden einbüßen mussten. Das Takara Too, das wir uns ansehen werden, zählt jetzt seit vier Jahren zu den beliebtesten Lokalen in Manhattan. Und ich glaube, wir können von Ishy eine Menge darüber erfahren, wie man seine Visionen lebendig hält.«

»Ähm, Rhonda.«

»Ja, Justin.«

»Das ist ein Restaurant. Wir sind ein Krankenhaus.«

»Stimmt, das ist mir auch schon aufgefallen. Aber vielleicht erinnerst du dich daran, woher unsere Ideen für unsere Arbeit auf der Station stammen – von Fischverkäufern. *Sie* sind der Grund, weshalb es bei uns von Fischen nur so wimmelt. Man kann eben nie wissen, wo man die wirklich sinnvollen Antworten auf seine Fragen findet. Und als wir uns von den Fischhändlern inspirieren ließen, taten wir das schließlich auch nicht, weil wir Fischhändler *sein* wollten. Ach übrigens, weiß irgendjemand zufällig, ob wir Berichte aus der Zeit haben, als wir unser neues Konzept umsetzten?«

Sofort meldete Heather sich zu Wort: »Ich arbeite zurzeit an meinem Abschluss in Betriebswirtschaft und bin in einer Projektgruppe, die ein Jahr lang ein bestimmtes Thema bearbeiten sollte. Mein Team war so fasziniert von dem *FISH!*-Programm, dass wir uns ansehen wollten, wie sich unsere Station dadurch verändert hat. Wir haben Fragebogen ausgegeben und Patienten und Mitarbeiter interviewt. Außerdem haben wir Daten des ganzen Krankenhauses ausgewertet. Als du befördert wurdest, begannen wir gerade damit, mittels einer zweiten Befragungsrunde Vergleichsdaten zu sammeln.«

»So? Ich kann mich gar nicht erinnern, dass mich jemand interviewt hat oder ich irgendwelche Formulare ausgefüllt habe. Ich werde wohl langsam alt.«

»Nein, wir haben nur Stichproben gemacht, und du warst nicht unter den Befragten.«

»Ach so. Na, diese Erklärung ist mir allemal sympathischer als die, dass mein Kurzzeitgedächtnis nachlässt. Seid ihr schon zu ersten Ergebnissen gekommen?«

»Wir haben einen ersten Berichtsentwurf, von dem ich dir gern eine Kopie geben kann.«

»Wie sieht denn das Ergebnis aus?«

»Unser Anleiter meinte, die Zahlen wären sehr eindeutig.«

»Eindeutig im positiven oder negativen Sinne?«

»Im positiven.«

»Dann können mir die Informationen bestimmt nützlich sein, um Miss Scallpell für unsere Arbeitsmethoden zu gewinnen. Doch jetzt sollten wir erst mal die Planung für unsere Arbeitsgruppe in Angriff nehmen.«

Als die angesetzte Stunde um war, hatten sie einen Termin für die Fahrt nach Manhattan vereinbart, wo die Gruppe das Takara Too besuchen wollte.

Sushi für das Pflegeteam

Im Takara Too setzten sie sich gemeinsam mit Ishy, ihrem Mann Hiro und einem der Kellner an einen Tisch. Rhonda erkannte Tako sofort wieder, den freundlichen Kellner, der zum nächsten Supermarkt gelaufen war, um ihr eine Dr. Pepper-Light zu holen.

Nachdem sich alle miteinander bekannt gemacht hatten, servierte Ishy eine Platte mit Spezialitäten, die sie eigens für diesen Abend vorbereitet hatte. Chad, einer der Pfleger, war sichtlich fasziniert.

»Das ist eine Spezialzubereitung meiner Familie. Greifen Sie ruhig zu, Chad. Also, meine Großeltern und zwei meiner Großtanten beschlossen 1950, ein Restaurant zu eröffnen. Sie waren alle heitere und engagierte Menschen, und ihr Temperament bestimmte die Atmosphäre, die dort herrschte. Anfangs war es ein reiner Familienbetrieb, doch mit der Zeit wurde das Restaurant immer erfolgreicher und meine Großeltern immer älter. Zusätzliches Personal musste eingestellt werden, und wir überlegten, wie wir die heitere und unbeschwerte Stimmung aufrechterhalten könnten, für die unser Lokal so berühmt war. Wir wollten es schließlich nicht verlieren. Mein Vater war Arzt und arbeitete jeden Tag bis in die Abendstunden, so dass er das Restaurant größtenteils meiner Mutter überlassen musste. Sie marschierte stundenlang durch die Stadt, unterhielt sich mit anderen erfolgreichen Geschäftsleuten und bombardierte sie alle mit ihren Fragen. Nach einigen Anfängerfehlern dann fanden wir endlich die Lösung.«

ERKENNEN

»Meine Mutter merkte schnell, dass starke und gesunde Unternehmen vor allem eines gemeinsam haben: Jeder Einzelne engagiert sich für die Ziele und Werte des Unternehmens, in dem er arbeitet. Also begann sie, sich mit ihren Angestellten darüber zu unterhalten, welche Ideale sie verfolgten. Und sie fand heraus, dass die Mitarbeiter während und nach solchen Gesprächen mit viel mehr Schwung bei der Sache waren als zuvor. Sie begriff, wie wichtig es war, sich immer wieder ins Gedächtnis zu rufen, wozu man sich verpflichtet hat, als man seinen Beruf wählte. Also, wozu habt ihr euch verpflichtet? Fangen wir doch einfach bei Ihnen an, Chad, da Ihnen unsere Familienspezialität ja besonders gut zu schmecken scheint.«

»Esse ich zu viel?«

»Aber nein, wir haben noch jede Menge Nachschub. Wozu haben *Sie* sich verpflichtet?«

»Na, selbstverständlich verpflichte ich mich den Idealen und dem Auftrag des Good Samaritan.«

»Und die wären?«

»Tja, na ja, eben das Zeugs, was auf der Karte steht. Ich erinnere mich nicht mehr so genau an alle Einzelheiten, aber ich weiß noch ungefähr, was da stand.«

»Das ›Zeugs auf der Karte‹ soll alle möglichen Mitarbeiter aus den verschiedensten Bereichen ansprechen. Welche Ideale und welchen Auftrag haben Sie für sich darin erkannt?«

»Ich weiß nicht, was Sie meinen.«

»Wie beziehen Sie die Ideale und den Auftrag auf Ihre Arbeit?«

»Hmm, ich habe mich verpflichtet, mich für die Qualität unserer Pflege einzusetzen. Und ich will den Umgang mit den Patienten mitfühlend, umsichtig und heiter gestalten, anstatt steif, distanziert und unbeteiligt.«

»Das haben Sie wunderbar formuliert, Chad. Sie wissen vielleicht nicht mehr, was auf der Karte des Good Samaritan stand, aber Sie haben Ihren Platz im Krankenhaus gefunden.«

»Ja, das denke ich auch.«

ERKENNEN

Jede Vision lebt davon, dass alle Einzelnen ihre persönlichen Visionen in sie einbringen. Sie müssen ERKENNEN, was ihnen wirklich wichtig ist, um sich dafür engagieren zu können.

Und dieses Engagement bleibt umso lebendiger, je mehr wir das Gespräch suchen, um immer wieder aufs Neue zu ERKENNEN, welche Visionen wir einbringen.

»Wer möchte noch etwas dazu sagen?«, fragte Ishy, während sie sich daran machte, scharfe Thunfischrollen zuzubereiten.

»Ich habe mich verpflichtet, meine Kollegen bei der Arbeit zu unterstützen«, sagte Kathy.

»Und ich, meine Einstellung so zu wählen, dass sie meine Umgebung am Arbeitsplatz bereichert«, mümmelte Justin mit vollem Mund.

Nun mischte Tako sich ein. »Vielleicht hilft es Ihnen, wenn

ich einmal beschreibe, wie ich das sehe, was wir hier machen. Wir haben natürlich alle unterschiedliche Rollen und sprechen viel darüber, wer welche Aufgaben übernimmt und wie wir die Arbeitsabläufe verbessern können. Solche Gespräche finden wahrscheinlich in jedem Geschäft und jedem Betrieb statt. Was bei uns allerdings anders ist, ist, dass wir auch darüber reden, wie wir unseren Arbeitstag erleben wollen und mit welchen Methoden wir unser Ziel erreichen wollen. Wir denken immerzu daran, wer wir *sind*, während wir unsere Arbeit *machen*. Ich habe meine Tische, um die ich mich kümmre; Ishy und Hiro machen Sushi; und andere Kollegen haben wieder andere Aufgaben. Doch obwohl wir alle unterschiedliche Sachen machen, schaffen wir dabei gemeinsam etwas, das sowohl den Gästen als auch uns zugute kommt. Jeden Tag überlegen wir uns neue Wege, wie wir ein Essen in unserem Restaurant zu einem einzigartigen Erlebnis machen können, damit die Leute immer wieder zu uns kommen.«

Ishy nickte und fügte hinzu: »Genau diese Gespräche sind es, die eine Vision lebendig halten. Nur indem man regelmäßig darüber spricht, was man will, gewinnt man auch neue Kraft, daran zu arbeiten. Deshalb habe ich Rhonda bei unserer ersten Begegnung vor ein paar Wochen vorgeschlagen, ihren Mitarbeitern Fragen zu stellen und so Diskussionen anzuregen. So weit ich mitbekommen habe, redet ihr wieder über eure Arbeit und habt festgestellt, dass ihr seitdem mit mehr Elan bei der Sache seid. Meine Mutter erkannte schon vor dreißig Jahren, wie motivierend Gespräche wirken, und ich habe es von ihr gelernt.

Wir müssen täglich neu erkennen, welchen Teil wir zu einer Vision beizutragen haben, um daran arbeiten zu können. Wie wollen wir etwas verwirklichen, von dem wir selbst nur eine vage Vorstellung haben? Unsere Vorstellung davon aber wird nur konkreter, wenn wir kontinuierlich im Gespräch gefordert sind, sie zu formulieren. Ihr habt ein Ideal, das ihr gemeinsam erreichen wollt, doch das könnt ihr erst, wenn jeder Einzelne erkennt, wie seine persönliche Vision sich darin einfügt. Und die gilt es immer wieder neu zu entdecken. Vielleicht solltet ihr regelmäßige Treffen in Betracht ziehen, bei denen ihr eure Ideen austauscht und darüber sprecht, wofür ihr euch engagiert. So hält es meine Schwester im Takara in Seattle, und so halten wir es hier auch. Wir setzen uns jede Woche zusammen, um miteinander zu reden. Meiner Meinung nach lassen sich solche Diskussionen nicht zwischen Tür und Angel führen. Deshalb solltet ihr euch dafür Extrazeit nehmen.«

LEBEN

Ishy machte eine kurze Pause, ehe sie fortfuhr. »Nun ist es mit dem ERKENNEN natürlich nicht getan. Vielmehr ist das Erkennen des persönlichen Anteils an einer gemeinsamen Vision erst der Ausgangspunkt, von dem aus ihr den nächsten Schritt ergreift, nämlich die Vision zu LEBEN.«

»Die Vision leben?«, fragte Mallory unsicher.

»Ja. Spontane Kreativität, wie man sie in erfolgreichen Unternehmen oder Institutionen sieht, entspringt meistens einem starken Engagement für eine große Vision. Wer sich zu etwas Großem verpflichtet, erkennt Möglichkeiten, die er sonst vielleicht gar nicht sehen würde. Begreift man sich aber als Teil dieses Großen, dann bleibt man offen für alles, was sich ergibt. Ich weiß, dass es für Außenstehende ein bisschen befremdlich klingen mag, doch wir alle hier verpflichten uns unserer Vision vom Takara Too und wissen, dass wir sie jeden Tag durch unsere Arbeit neu erschaffen. Und das bezieht sich nicht nur auf das reine Geschäft, Sushi zu machen und zu verkaufen. Sondern es bezieht sich vor allem darauf, wer wir *sind*, während wir unsere Arbeit machen.«

»Ich glaube, ich verstehe nicht, was Sie mit den Möglichkeiten meinen, die wir sonst nicht sehen würden«, sagte Ping.

»Ich meine damit die verschiedenen Möglichkeiten, eure Vision zu leben. Am besten veranschaulicht uns Rhonda, worum es geht. Erzählen Sie einfach, was geschah, als Sie mit Margo zum ersten Mal in unserem Restaurant waren.«

Rhonda formte mit Daumen und Zeigefingern Ringe, die sie wie Brillengläser vor ihre Augen hielt. »Margo hatte ihre Lesebrille vergessen. Als wir an der Tür die Speisekarten bekam, gab sie ihre gleich zurück, weil sie die kleine Schrift ohne Brille nicht entziffern konnte. Sekunden später, wirklich nur Sekunden, kam der Empfangskellner mit einem Tablett zu uns, auf dem Lesebrillen in allen Stärken lagen. Ich war wirklich baff vor Staunen.«

Nun ergriff Ishy wieder das Wort. »Wir erleben täglich Dinge, die uns zu neuen Ideen anregen. Ich nenne sie Visionsmomente. Sie geben uns die Chance, auf Neues kreativ zu reagieren und bereichern unser Bild vom idealen Takara Too. Und je mehr dieser Möglichkeiten wir nutzen, umso stärker wird das, wofür wir hier arbeiten.«

»Dazu fällt mir ein Beispiel ein«, sagte Rhonda. »In der Erziehung meiner Kinder ist für mich ein besonders wichtiger Aspekt, ihnen die Liebe zur Sprache zu vermitteln. Wann immer ich ein neues Wort entdeckte, nahm ich mir die Zeit, mit ihnen gemeinsam zu ergründen, was es bedeutet. Dabei haben wir immer eine Menge Spaß gehabt, und heute machen sie es schon teilweise ohne mich. Auch meine Stieftochter Ann, die als Kind mit Lernproblemen zu kämpfen hatte, verfügt mittlerweile über einen riesigen Wortschatz. Unsere Vision ist also, Sprache zu lieben, und die Visionsmomente sind die einzelnen Worte, die wir neu entdecken. Das ist wie ein Abenteuer.«

»Ein wunderbares Beispiel, Rhonda. Du hast dir vorgenommen, das Sprachwissen deiner Kinder zu fördern, und dadurch bist du offen für Möglichkeiten, Sprache zu entdecken und lieben zu lernen. Die Visionsmomente entstehen in dem Augenblick, in dem neue Wörter auftauchen, und du machst ein Abenteuer daraus, sie zu lernen. Fällt irgendjemandem ein Beispiel aus der Krankenpflege ein?«

Alle blickten erstaunt zu der ruhigen, schüchternen Heather, die als Erste sprach. »Ich habe gestern mitbekommen, wie Juan etwas tat, das mich tief beeindruckte. Wir haben einen alten Mann auf unserer Station, der einen schweren Schlaganfall hatte und längere Zeit auf der Intensivstation war. Seine Frau ist sehr gebrechlich und auf einen Gehwagen angewiesen. Trotzdem wollte sie die Nacht bei ihrem Mann verbringen, was für sie zu einer Tortur geworden wäre. Juan setzte sich zu ihr und nahm ihre Hand. Dann erklärte er ihr, ihr Mann wäre bei uns aufgehoben wie in einer großen Familie, zu der alle Mitarbeiter der Station gehören. Er sagte ihr, wie ernst wir die Pflege der Patienten nehmen, und dass wir uns gut um ihn kümmern würden. Dann klappte er seinen Kragen um und zeigte ihr seinen Plastikfisch. Er erzählte ihr, dass wir dieses Abzeichen tragen, um uns ständig daran zu erinnern, dass unsere Patienten Mitglieder unserer Krankenhausfamilie sind und entsprechend behandelt werden. Die Frau war beruhigt und ihr Sohn und ihre Tochter sehr erleichtert, als sie daraufhin nach Hause ging und in ihrem eigenen Bett anstatt auf einer Klappliege schlafen konnte. Juan hatte sich die Zeit genommen, um sie davon zu überzeugen, dass ihr Mann bei uns in guten Händen ist. Und er hat gleichzeitig der Nachtschicht eine Menge Zusatzarbeit abgenommen, die mit der Übernachtung der Ehefrau zwangsläufig auf sie zugekommen wäre. Ich glaube, das war ein Visionsmoment bei Juan.«

»Stimmt«, stimmte Ishy ihr zu. »Die Möglichkeiten, die wir sehen, unsere Vision zu *leben*, führen dazu, dass wir sie täglich neu erschaffen. Jeder von euch ist verantwortlich dafür, das

Good Samaritan jeden Tag neu zu erschaffen durch die Art, wie ihr dort lebt. Ihr seid das Good Samaritan. Also LEBT es auch.«

Sie sprang auf und begann, noch eine Spezialität vorzubereiten, während sie weitersprach. »ERKENNEN und LEBEN sind zwei sehr wichtige Aspekte, die allein aber noch nicht ausreichen. Unser Rezept braucht eine dritte Zutat, wenn wir verhindern wollen, dass unsere Vision mit der Zeit verblasst. Und dieser letzte Punkt ist nicht nur wesentlich, sondern auch schwierig in der Umsetzung.«

»Ich bin ganz Ohr«, sagte Justin.

Ishy lächelte, beschloss aber offenbar nicht auszusprechen, was ihr in diesem Augenblick durch den Kopf ging. Justin hatte wirklich sehr große Ohren.

FÖRDERN

»Hier im Takara Too sind wir inzwischen ziemlich gut darin, unsere Vision zu leben. Dennoch sind wir auch nur Menschen. Wir machen Fehler, und natürlich gibt es Zeiten, in denen wir aus den Augen verlieren, worum es uns geht. Darum ist der dritte Punkt so ungemein wichtig für uns. Wir müssen uns ständig gegenseitig in Erinnerung rufen, was wir uns vorgenommen haben. Wir nennen unsere Methode *Fördern*, wie ein Trainer seine Sportler fördert, indem er ihnen hilft, das Beste aus sich herauszuholen. Jeder von uns ist ein Trainer und kann jeden fördern. Uns ist egal, wie lange jemand schon hier arbeitet oder in welcher Position er ist. Auch ich brauche Trainer, die mein Talent fördern.«

Tako beugte sich ein wenig vor und erzählte: »Ich bin erst seit ein paar Monaten hier. Der Kellner, der vorher meinen Job hatte, wollte nach Japan zurückgehen, und ich bewarb mich für den Posten. Beim Bewerbungsgespräch erzählten sie mir von den Trainern und vom gegenseitigen Fördern, und ich dachte, das glaube ich erst, wenn ich es sehe. Erst mal war ich nur froh, überhaupt einen Job zu haben. Trotzdem hat mich die Geschichte mit den Trainern neugierig gemacht. Eines Tages dann brachte Ishy ein Stück Thunfisch vom Markt mit, und als ich es mir ansah, stellte ich eine ganz leichte Verfärbung fest, die ich schon einmal gesehen hatte. Häufig ist dieser bestimmte Schimmer ein Zeichen dafür, dass der Fisch nicht mehr ganz frisch ist. Ich wies Ishy darauf hin, und sie sagte: ›Hör mal, ich serviere keinen Fisch, den ich nicht für hundertprozentig frisch halte.‹ Sie schlug dabei einen ungewöhnlich schroffen Ton an, und ich sah mich schon arbeitslos. Vielleicht hatte ich gerade deshalb den Mut, sie daran zu erinnern, wie wenig diese Reaktion zu dem passte, was sie mir im Vorstellungsgespräch über das Fördern erzählt hatten. Und Ishy wurde tatsächlich rot und entschuldigte sich. Sie meinte, ich hätte natürlich Recht, und ihr Ton wäre unangemessen gewesen. Dann sprachen wir darüber, was ich über Fisch wusste, und sie hörte mir zu, als ich ihr erzählte, was passiert, wenn während des Fischtransports Salz auf das Eis kommt.«

Tako blickte einen Moment auf seine Füße, ehe er fortfuhr: »Ich diskutiere gern über Dinge, die ich kenne oder die ich beherrsche. Aber unser Gespräch drehte sich bald nicht mehr um Fische, sondern darum, wie wir miteinander umgehen, und da bekam ich dann doch Angst, ich könnte zu weit gegangen sein. Heute weiß ich, dass gerade diese Art Unterhaltung wichtig ist. Sie macht meinen Arbeitsplatz zu einem Ort, an dem ich mich wohl fühle. Und uns allen helfen die Gespräche, das Takara Too jeden Tag neu zu erschaffen.«

Ishy schmunzelte. »Vielleicht sollte ich erwähnen, dass Tako die Geschichte zu meinen Gunsten beschönigt. Mein erster Gedanke war nämlich, dass ich mein Leben lang Fisch einkaufe und mir ganz bestimmt keinen Thunfisch andrehen lassen würde, der nicht fangfrisch ist. Nichtsdestotrotz war meine Reaktion unangebracht, ob ich nun im Recht war oder nicht. Doch als Tako mich auf meinen Ton ansprach, wurde der Fisch nebensächlich. Unser Grundsatz des gegenseitigen Förderns war auf dem Prüfstand. Wir hatten uns vorgenommen, den anderen anzuhören, bevor wir eine Entscheidung für oder gegen seine Vorschläge treffen. Also hörte ich ihm zu und lernte dabei. Und ich denke, der Fisch war frisch.«

Der letzte Satz löste allgemeines Gelächter aus. Dann meldete sich Beth zu Wort. »Ich habe mich neulich von der negativen Einstellung einer anderen Schwester anstecken lassen und dabei vollkommen vergessen, welche Vision wir anstreben. Rhonda hatte zufällig mitgehört, wie ich über einen Patienten redete, als handelte es sich um einen seelenlosen kranken Körper. Sie sprach mich darauf an, und ich erkannte sofort, was ich falsch gemacht hatte. Ich schätze, in dem Augenblick war sie mein Trainer, der mich förderte.«

»Ja, das sehe ich genauso. Wie hast du dich dabei gefühlt, Beth?«

»Na ja, meine erste Reaktion war, mich zu verteidigen. Wir arbeiten momentan unter ziemlichem Stress, und schließlich war das ein einmaliger Ausrutscher. Doch dann erinnerte Rhonda mich daran, was wir uns für unsere Station vorgenommen hatten, und ich stehe wirklich hinter unserer Vision von einem besseren Arbeitsumfeld. Und um die ging es ja auch eigentlich, weniger um mich. Ich war halt die, die zufällig erwischt worden war.« Sie lächelte Rhonda an, die ihr mit einem Kopfnicken zustimmte.

FÖRDERN

Uns gegenseitig zu fördern, ist ein Geschenk, das wir einander machen und mit dem wir zugleich unsere Vision stärken.

Es ist das Feedback, mit dem wir unsere Arbeit und unsere Zusammenarbeit würdigen. Wir brauchen es alle, um an unserer Vision festhalten zu können, weshalb keiner davon ausgenommen sein sollte, ganz gleich welchen Rang oder welche Position er bekleidet.

Sich gegenseitig zu fördern, ist kein Egotrip, sondern bezieht sich immer auf unsere Vision. Indem wir uns fördern, fördern wir sie.

Ishy fasste noch einmal zusammen: »Sich gegenseitig zu fördern, ist der Beweis dafür, dass wir Verantwortung übernehmen, und das ist nie leicht. Wer andere fördert, engagiert sich. Ein Trainer möchte, dass seine Sportler nicht nur gut, sondern so großartig wie möglich sind. Ihr zeigt euer Engagement, indem ihr andere fördert und euch von anderen fördern lasst. Das schweißt euch zusammen, und die kleinen Korrekturen hier und da sind wie das Benzin, das euern Motor am Laufen hält. Wir brauchen gegenseitige Förderung, um die Chance zu bekommen, uns jeden Tag neu zu erfinden. Wer einen Job anfängt oder in bestimmten Bereichen unsicher ist, braucht jemanden, der ihn fördert, damit er lernen kann. Aber auch wer schon lange dabei ist und jede Menge Erfahrungen hat, ist auf Förderung angewiesen, weil Routine uns blind machen kann gegenüber neuen Möglichkeiten, die sich uns bieten. Gemeinsam an einer Vision zu arbeiten, ist ein ständiges Geben und Nehmen. Denn was wir uns vornehmen, ist zunächst einmal ein abstraktes Gebilde.

Erst ERKENNEN, LEBEN und FÖRDERN machen unsere Vision zu etwas Konkretem.«

»Ich glaube, da ist jemand an der Tür«, unterbrach Chad, und in diesem Moment hörten alle das hektische Klopfen. Als die Tür geöffnet wurde, stand dort Will Bullock, in dessen Gesicht sich blankes Entsetzen und unendlich Traurigkeit spiegelte.

Rhonda sprang auf und rannte zu ihm.

»Was ist los, Will?«

Er erklärte ihr mit erstickter Stimme, dass er eine Nachricht hätte, die zu schrecklich wäre, um sie ihr telefonisch zu übermitteln. Deshalb war er hergekommen. Dann begann er zu weinen, und Rhonda nahm ihn in den Arm. »Will, was ist passiert?«, fragte sie leise.

»Ann ist tot«, brachte er unter Tränen heraus und sagte etwas von einem Autounfall und einem betrunkenen Fahrer. Eine Weile standen sie einfach da und hielten einander fest. Dann trat ein Freund zu ihnen, der draußen vor der Tür gewartet hatte. Er brachte die beiden zum Wagen, der direkt vor dem Lokal parkte und fuhr mit ihnen davon.

Wer in einem Krankenhaus arbeitet, ist mit Sterben und Tod vertraut. Doch das macht es keineswegs erträglicher, einen nahe stehenden Menschen zu verlieren. Rhondas Kollegen und ihre neuen Freunde wussten, dass sie in diesem Moment den schlimmsten Albtraum aller Eltern durchmachte. Sie alle standen schweigend da, einige weinten leise.

Nach einiger Zeit sagte Ping, sie wolle im Krankenhaus anrufen. Dann brach einer nach dem anderen auf. Nur Ishy und ihr Mann blieben zurück.

Der schlimmste Albtraum aller Eltern

Wir rechnen damit, eines Tages unsere Eltern zu verlieren – aber niemand rechnet damit, das eigene Kind begraben zu müssen. Es verletzt die natürliche Ordnung, auf die wir uns verlassen. Und wenn man jung ist, kommt man überhaupt nicht darauf, dass man seine ältere Schwester verlieren könnte. Mike und Mia litten entsetzlich unter dem Verlust von Ann, die sie beide vergöttert hatten.

Im Krankenhaus verbreitete sich die furchtbare Nachricht sehr schnell. Die Kollegen waren voller Mitgefühl für Rhonda und ihre Familie, aber Miss Scallpells Reaktion versetzte alle in Erstaunen.

Zwei Stunden nachdem Ping angerufen und den Kollegen von dem Unglück berichtet hatte, fuhr ein Taxi vor dem Haus der Bullocks vor und Miss Scallpell stieg aus. Sie ging zur Tür und läutete.

Ein Mann mit einem grauen Kinnbart öffnete und sie fragte: »Bin ich hier richtig bei den Bullocks?«

»Ja, sind Sie, aber im Moment ist es ungünstig.«

»Sind Sie Will?«

»Nein, ich bin sein Bruder. Sind Sie eine Freundin der Familie?«

»Ich bin eine Kollegin von Rhonda. Dürfte ich sie bitte sprechen?«

»Mein Gott, entschuldigen Sie meine schrecklichen Manieren. Wir stehen alle unter Schock. Kommen Sie doch bitte herein. Wenn Sie mir Ihren Namen sagen, werde ich ihr sagen, dass Sie hier sind.«

»Ich bin Mable Scallpell.«

»Nehmen Sie doch bitte Platz.«

Mable setzte sich auf einen der Sessel in der Diele und blickte sich um. Auf den Fotos, die überall hingen, konnte sie Ann ziemlich schnell ausfindig machen. Ein besonders schönes zeigte sie an der Seite eines berühmten Filmstars. Ann sah so lebendig und strahlend aus.

»Miss Scallpell, ich hatte nicht erwartet, dass Sie ...«

»Rhonda, ich bin hergekommen, um Ihnen beizustehen. Ich weiß, was in einem solchen Trauerfall alles auf einen zukommt, und ich möchte Ihnen helfen«, sagte sie und fügte im Stillen hinzu: *Und ich habe selbst schon einmal diese Hilfe gebraucht und bekommen.*

»Aber es ist wirklich nicht nötig ...«

»Es ist schon immer die Aufgabe von Krankenschwestern gewesen, in schweren Zeiten für andere da zu sein. Sie haben jetzt eine Menge zu regeln und brauchen Ruhe, damit Sie um Ihren Verlust trauern können. Ich werde dafür sorgen, dass jemand Ihre Telefonate entgegennimmt und etwas Essen auf den Tisch kommt. Falls Sie sonst irgendetwas brauchen, lassen Sie es mich einfach wissen. Es tut mir schrecklich Leid, Rhonda. Ich weiß, dass es für Ihren Schmerz keine Worte gibt. Sie sollen jedoch wissen, dass ich für Sie da bin und alles tun werde, was in meiner Macht steht, um Ihnen zu helfen. Ich selbst habe manchen Verlust in meinem Leben durchgemacht und kann mir vorstellen, was Sie im Moment empfinden. Deshalb werde ich mich weitestgehend im Hintergrund halten. Rufen Sie mich einfach, wenn Sie mich brauchen.«

Mit einem Dankeschön ging Rhonda wieder ins Wohnzimmer zurück, wo sie sich schweigend zu Will setzte. Beide sprachen nicht, sondern hielten sich still bei der Hand. Dann und wann hörte Miss Scallpell einen von ihnen laut schluchzen.

Ich weiß, was ihr gerade durchmacht, dachte sie bei sich. *Ein Schmerz wie dieser bleibt ein Leben lang.*

Sie wurde sofort aktiv. Innerhalb von dreißig Minuten hatte sie Schwestern und Pfleger zusammengetrommelt, die sich rund um die Uhr abwechseln sollten. Sie verteilte alle anfallenden Aufgaben: Essenkochen, Besucher empfangen, zum Flughafen fahren, um Angehörige abzuholen, Einkäufe und Behördengänge erledigen, Gästezimmer herrichten, Putzen und Telefonate entgegennehmen. Als Mitglieder aus Rhondas Gospelchor Essen brachten und ihre Hilfe anboten, wurden sie ins Team aufgenommen. Unter Miss Scallpells Anleitung kümmerten sie sich gemeinsam um alles, bis Rhonda und Will am Tag nach der Beerdigung nach L.A. flogen, wo Freunde von Ann eine Trauerfeier ausrichten wollten. Sobald die beiden zum Flughafen gefahren waren, putzte der Hilfstrupp das Haus von oben bis unten und verschwand.

Im Krankenhaus

Die Arbeit in einem Krankenhaus verlangt von jedem stete Aufmerksamkeit. In diesem Fall war den meisten der hektische Arbeitsrhythmus eine willkommene Ablenkung von der grausamen Wirklichkeit dessen, was ihrer Freundin widerfahren war. Wenn eine Kollegin ein Kind verliert, wird jedem Einzelnen auf erschreckende Weise klar, dass ihm oder ihr dasselbe geschehen könnte.

Am schwarzen Brett fand sich eine rührende Nachricht von einem sechsjährigen Mädchen, das mit einer schweren Kopfverletzung eingeliefert worden war – ein Trauma, das mit einem Sitzgurt zu verhindern gewesen wäre. Während nun die Kleine noch um ihr Leben rang, spürte sie, dass etwas Schreckliches geschehen sein musste und erkundigte sich bei Rhondas Kollegen.

Als sie von Rhondas Verlust erfuhr, bestand sie darauf, ihr diese Zeilen zu schreiben:

Liebe Schwester Rhonda,

Sie erinnern sich vielleicht nicht an mich. Ich bin das Mädchen aus Zimmer 611.

Es tut mir sehr Leid, dass Ihre Tochter gestorben ist. Ich bin traurig darüber, aber Sie müssen noch viel trauriger sein. Ich möchte Sie gern in den Arm nehmen, wenn Sie wieder zurück sind.

Alles Liebe,

Tena

PS Falls ich schon entlassen bin, wenn Sie wiederkommen, kann ich Sie nicht mehr in den Arm nehmen.

Ping und Beth trafen sich vor dem schwarzen Brett und lasen den kleinen Brief. »Ach, Beth, auf unserer Station gibt es so viele nette und liebevolle Menschen ...« Sie konnte den Satz nicht beenden, weil ihr die Tränen kamen.

»Ja, und wenn so etwas geschieht wie jetzt, denken wir alle unwillkürlich daran, was wirklich wichtig im Leben ist. Wie schnell lassen wir uns dazu verleiten, unsere Arbeit nur noch mechanisch zu erledigen. Erst wenn so etwas geschieht wie jetzt, erkennen wir, zu wie viel Mitgefühl wir fähig sind. Wir machen alles irgendwie bewusster. Und deshalb müssen wir an unserer Philosophie festhalten. Sie ist der Grund, weshalb wir überhaupt Krankenschwestern geworden sind: um Menschen zu helfen, die unser Mitgefühl brauchen. Ich denke oft, wie es wohl für Rhonda sein muss, wieder zur Arbeit zurückzukehren. Ich habe gehört, dass es Monate dauert, bis nach einem solchen Schock wieder so etwas Ähnliches wie Normalität einkehrt. Vielleicht sollten wir bis dahin versuchen, ohne sie fortzuführen, was wir im Takara Too angefangen haben. Schließlich will keiner von uns, dass wir uns von der Routine des Alltags einholen lassen. Das Leben ist zu kostbar, als dass wir die Zeit, die wir bei der Arbeit verbringen, mit dumpfer Pflichterfüllung vergeuden. Und wir können Anns Andenken wohl am ehesten ehren, indem wir das weitermachen, was Rhonda angefangen hat. Wir sind auf dem besten Wege, unsere Arbeit so heiter, mitfühlend und bewusst zu gestalten, wie wir es uns vorgenommen haben.«

Ping wischte sich die Tränen ab und stimmte ihr zu. »Ja, du hast Recht. Wir verbringen mehr Zeit bei unserer Arbeit als mit unseren Familien oder Freunden, in der Kirche und in der Natur. Die Arbeit macht den größten Teil dessen aus, was wir bewusst erleben. Und wir sollten diese Gelegenheit nutzen, um uns und Rhonda zu beweisen, dass wir unsere Vision ernst nehmen und uns dafür einsetzen. Wir haben die Chance zu zeigen, um wie viel mehr es dabei geht, als einfach Spaß bei der Arbeit zu haben.«

»Guten Tag, meine Damen.«

»Miss Scallpell.«

»Wie ich sehe, sind die albernen kleinen Fische wieder aufgetaucht.«

»Na ja, wir ...«

»Nein, lassen Sie nur. Vielleicht habe ich etwas voreilig gehandelt, als ich sie verbot. Ich habe mir mit Phil den Bericht angesehen, den wir von Heather bekommen haben. Die Zahlen mögen vorläufig sein, aber sie sind wirklich beeindruckend. Sie können stolz auf sich sein. Als ich noch im Stammhaus war, habe ich viel Gutes über dieses Krankenhaus gehört, doch ich hatte keine Ahnung, wie Sie zu diesem Ruf kamen. Die Fortschritte, die Sie in den Bereichen Patientenzufriedenheit und Personalleistungen zu verzeichnen haben, sind außergewöhnlich. Trotzdem habe ich noch gewisse Zweifel, ob Sie den hohen Standard halten können. Bunte Fensterbilder und witzige Anstecker können auch schnell zur bloßen Fassade werden, die von den eigentlichen Problemen ablenkt.«

»Nun, wir ...«

»Sie verlassen sich hoffentlich nicht darauf, dass Rhonda nach ihrer Rückkehr gleich wieder ihre Cheerleader-Rolle übernimmt, auch wenn sie ihre Arbeit kein bisschen schlechter machen wird als zuvor.«

»Wir sprachen gerade darüber ...«

»Ja, ich weiß, und ich schätze diese kleine Pläusche unter Schwestern. Doch jetzt haben wir genug geplaudert und sollten wieder an die Arbeit gehen«, sagte Miss Scallpell und wandte sich zum Gehen.

»Ach, Miss Scallpell«, rief Ping ihr nach.

»Ja, Ping?«

»Ich wollte Ihnen danken für alles, was sie getan haben. Wir alle hatten uns gefragt, wie wir Rhonda und ihrer Familie helfen könnten, als Sie schon alles organisiert haben und dafür gesorgt haben, dass sie die Hilfe bekamen, die sie wirklich brauchte.«

Zum ersten Mal, seit sie ihre Stellung angetreten hatte, schien Miss Scallpell um Worte verlegen. Ihre Augen glänzten feucht, und sie blinzelte, ehe sie antwortete: »Wir Schwestern müssen zusammenhalten. Ich habe selbst einen schrecklichen Verlust verkraften müssen, als mein Mann vor vielen Jahren vollkommen unerwartet verstarb. Ich weiß, wenn Rhonda zurückkommt, wird sie immer noch eine großartige Krankenschwester sein, allerdings weder fröhlich noch imstande, sich um eine heitere Arbeitsatmosphäre zu bemühen. Es gibt Zeiten, in denen Melancholie unser Leben bestimmt, und auch damit müssen wir umgehen können. Also denken Sie daran, dass Rhonda etwas durchmacht, was noch eine ganze Weile andauern wird. Während der nächsten Jahre wird es immer wieder Momente geben, in denen sie einfach sehr, sehr traurig sein wird. Doch ihre Trauer bedeutet nicht, dass sie weniger Interesse an dem hat, woran Sie alle so hart gearbeitet haben. Das Leben ist nun mal nicht immer heiter, und Rhondas Trauer ist etwas vollkommen Natürliches. Ihnen bietet diese Erfahrung die Chance zu beweisen, dass ihre Ideen sich auf die ganze Bandbreite menschlicher Emotionen anwenden lassen. Und wenn es Ihnen ernst mit Ihrem Engagement für die Patienten und Kollegen ist, zeigen Sie, dass mehr dahintersteckt als Spaß haben.«

Mit diesen Worten nahm sie ein gestärktes Taschentuch aus der Tasche ihrer gestärkten Schwesterntracht und ging.

Beth sah Ping an. »Sie mag vielleicht einer anderen Generation angehören als wir, aber unter dieser steifen weißen Tracht schlägt das Herz einer Vollblutkrankenschwester.«

Die Trauerfeier

Rhonda und Will kamen mit rotverweinten Augen in L.A. an. Sie fühlten eine schmerzhafte Leere in ihren Herzen. Anns Mitbewohnerin Jill, ihr Freund Rob und die Freunde Greg und Melissa hatten eine Trauerfeier am Strand organisiert, ganz in der Nähe von Anns und Jills Wohnung. Der Küstenabschnitt war ziemlich berühmt, weil hier die meisten Szenen der Fernsehserie *Baywatch* gedreht wurden und es Dutzende von Beachvolleyballfeldern gab.

Rhonda und Will parkten ihren Mietwagen oberhalb des Strandes und sahen hinunter, wo schon an die achtzig Leute um zwei große Feuer versammelt waren.

»Ich weiß nicht, ob ich das durchstehe, Will.«

Will sah seine Frau an und sagte: »Du brauchst gar nichts durchzustehen, was über deine Kraft geht, Liebes. Soll ich dich zum Hotel zurückfahren? Das dort unten sind ihre Freunde, und ich bin sicher, dass sie Verständnis haben werden, wenn du nicht dabei sein möchtest.«

»Woher nimmst du die Kraft dazu?«

»Überschätze meine Kraft nicht. Momentan versuche ich einfach, es von einer Minute zur nächsten zu schaffen. Aber diese jungen Leute waren ihre Freunde, und ich weiß so wenig über ihr Leben hier im Filmgeschäft. Ich möchte erfahren, wie die Ann war, die ihre Freunde und Kollegen kannten.«

Rhonda öffnete ihre Autotür und stieg aus. »Genau so sollte ich die Trauerfeier auch sehen, glaube ich. Komm, lass uns diesen Teil ihres Lebens feiern.«

Hand in Hand gingen sie hinunter zum Strand.

Währenddessen wird im Good Samaritan ein Plan geschmiedet

»Wir sollten es uns möglichst einfach machen, Beth. Am besten teilen wir die ursprüngliche Gruppe in drei Untergruppen, die sich jeweils mit einem der drei Grundprinzipien beschäftigen, die wir von Ishy gelernt haben. Wenn du einverstanden bist, nehme ich mir die Leute aus der Dialyse-Abteilung und arbeite mit ihnen die erste Stufe, ERKENNEN, durch.«

»Geht klar, Ping. Unser Flur übernimmt dann LEBEN, und Chad kann FÖRDERN bekommen. Bleibt allerdings noch die Frage, wie wir die Aufgabenstellung formulieren. Wir wissen zwar, welches Ziel wir haben – nämlich unser großartiges Arbeitsumfeld lebendig und offen zu halten –, aber wir brauchen klare Vorgaben für die Gruppen, damit sie eine Basis haben, von der aus sie weitermachen können.«

»Okay, lass es mich mal versuchen. Ich denke, unsere erste Aufgabe besteht darin, gemeinsam zu erkennen, was wir von den Fischhändlern gelernt haben, und herauszufinden, ob wir

Ideen haben, die speziell auf unsere Arbeit bezogen sind. Wir machen uns sozusagen auf die Suche nach Visionsmomenten.«

»Prima. Ich habe Kopien von meinen Notizen, die ich im Takara Too gemacht habe. Ich werde Chad eine Kopie geben und ihm sagen, was wir vorhaben. Aber da wäre noch etwas: Bist du sicher, dass wir das Richtige tun? Ich meine, wird Rhonda sich nicht eventuell übergangen fühlen? Immerhin hat sie die Sache initiiert, und wir reißen sie einfach an uns.«

»Nein, ich denke viel eher, dass sie erleichtert sein wird. Nach Madeleines Fortgang fühlte sie sich persönlich verantwortlich dafür fortzusetzen, was Madeleine begonnen hatte. Und ich weiß, dass sie manches Mal ziemlich schwer an dieser Last getragen hat. Für mich wird immer klarer, dass wir ihr einen Teil der Bürde abnehmen können und müssen.«

Dies sind die drei Schritte, nach denen die Mitarbeiter des Takara Too vorgehen, um sich das Besondere zu erhalten

Erkennen Visionen sind häufig so formuliert, dass sie einen größeren Kreis von Menschen mit den unterschiedlichsten Aufgaben ansprechen. Lebendig werden sie erst, wenn jeder

Einzelne dieser Angesprochenen erkannt hat, welches sein Anteil daran sein kann. Dazu muss er bereit sein, Verantwortung für die gemeinsame Idee zu übernehmen. Die wiederum übernimmt er in dem Augenblick, in dem er im Gespräch mit den anderen erklärt, was er zur gemeinsamen Vision beizutragen hat. Die Mitarbeiter des Takara Too setzen sich regelmäßig zusammen, um über das zu sprechen, was sie schaffen wollen und welche Rolle jedem Einzelnen in diesem Schaffensprozess zukommt.

Leben Jeder Tag bietet uns unzählige Möglichkeiten, unsere Vision mit Neuem anzureichern. Ishy nennt das Visionsmomente. Sobald wir erkannt haben, welchen Beitrag wir leisten wollen, müssen wir unsere Rolle innerhalb der Vision LEBEN. Dann stellen sich die Visionsmomente auf ganz natürliche Weise ein.

Fördern Eine Vision allein am Leben zu erhalten, ist schwierig, weil man sich dazu permanent selbst beobachten und die Wirkung des eigenen Handelns auf andere beurteilen müsste. Deshalb ist regelmäßiges Feedback von zentraler Bedeutung. Nur wenn wir ein Arbeitsumfeld schaffen, in dem regelmäßige Rückmeldungen aller an alle nicht nur akzeptiert, sondern erwünscht sind, können die notwendigen Korrekturen vorgenommen werden, die jede Vision braucht, um zu überleben. Wir nennen es ›Fördern‹, weil alles Vielversprechende gefördert werden muss, um zu gedeihen.

Notiz für mich:

Jeder Einzelne von uns muss die Bedeutung und den Sinn dieser Ideen für sich selbst erkennen und frei darüber entscheiden, ob er sich für sie engagieren will. Nur wenn wir eine persönliche Wahl treffen, werden die natürlichen Energien in uns freigesetzt, die wir brauchen, um unsere Ideen Wirklichkeit werden zu lassen.

Ein weiteres Treffen im Takara Too

Seit dem Planungsgespräch zwischen Beth und Ping war ein Monat vergangen. Rhonda arbeitete inzwischen wieder, war aber von ihrem schweren Verlust gezeichnet. Oft sahen die anderen, wie sie abwesend vor sich hinstarrte. Trotzdem schien es ihr gut zu tun, sich durch die Arbeit von ihrer Trauer ablenken zu lassen, und an Ablenkung hatte die Krankenpflege wahrlich genug zu bieten. Daher baten die Kollegen sie häufiger um Hilfe bei besonders schwierigen Aufgaben, und sie bewies beinahe noch mehr Talent als zuvor. Sie nahm sich besonders der kleinen Tena in Zimmer 611 an, die nur langsame Fortschritte, aber immerhin Fortschritte machte. Tenas Brief hatte einen festen Platz auf Rhondas Pinnwand gleich neben einem Foto von Ann.

Als Rhonda und Miss Scallpell von dem Plan der drei anderen hörten, waren sie begeistert. Phil kam vorbei und sagte ihnen, wie sehr er ihre Bemühungen schätzte und dass er sie gern unterstützen würde.

Miss Scallpell hatte natürlich auch eine Menge dazu zu sagen, was nicht weiter verwunderlich war. Ping, Beth und Chad gewöhnten sich allmählich an ihre dozierende Art und begannen sogar, sie zu genießen. In einem dieser Gespräche schlug Miss Scallpell ein gemeinsames Mittagessen vor, zu dem sie Rhonda, Ping, Beth und Chad einlud. Sie wollten sich um elf Uhr vor ihrem Büro treffen.

»Noch ein bisschen früh für ein Mittagessen, findet ihr

nicht?«, meinte Chad, als er mit Ping und Beth vor Miss Scallpells Büro eintraf. Die trat in diesem Augenblick in ihrer vor Stärke knisternden Schwesterntracht aus ihrer Tür, und die anderen drei mussten sich sputen, um mit ihrem Tempo mitzuhalten, als sie durch die Drehtür voraus zum Parkplatz ging.

»Sollten wir nicht auf Rhonda warten?«

»Nein, sie hat angerufen und gesagt, dass sie die Stellung für euch im sechsten Stock halten will.«

»Seltsam«, sagte Chad.

»Nicht seltsam, sondern verständlich und professionell«, entgegnete Miss Scallpell trocken. »Sie sind doch die Teamleiter, nicht wahr?«

»Ja, aber ...«

»Genug geredet, ab ins Auto.«

»Wohin fahren wir denn?«

»In die Stadt.«

Es wurde ganz still im Wagen, als sie die Washington-Bridge überquerten und Richtung Manhattan fuhren. Ab und zu machte jemand eine eher verlegene Bemerkung über die Szenerie, an der sie vorbeifuhren und die in New York niemals langweilig ist.

Schließlich fragte Ping: »Was gibt es denn zum Mittag, Miss Scallpell?«

»Ich stehe unmittelbar vor meiner Pensionierung, und ich denke viel darüber nach, was ich den nachfolgenden Generationen zu hinterlassen habe. Auf die Forschungsprogramme, die ich für das Krankenhaus eingerichtet habe, bin ich ziemlich stolz, und ursprünglich war mein Plan, die letzten zwei Jahre meines Berufslebens damit zu verbringen, meine altmodischen Krankenschwesternweisheiten an junge Schwestern und Pfleger weiterzugeben. Ich war einfach nicht darauf vorbereitet gewesen, was mich im Good Samaritan erwartete. Mittlerweile habe ich erkannt, was für eine Chance sich uns bietet. Wie ihr wisst, belegen Heathers Forschungen, welche gewaltige Wirkung eure Bemühungen zeitigen. Bei meiner Ankunft allerdings konnte ich lediglich eine übertriebene Abhängigkeit von äußeren Anreizen feststellen und eine allgemeine Unfähigkeit, neue Mitarbeiter zu integrieren. Ich habe eine Menge von euch gelernt, und ich hoffe, ich konnte euch ebenfalls einiges beibringen. Und jetzt machen wir uns auf zu der sagenumwobenen Sushi-Köchin und sehen mal, ob sie uns erzählen kann, was wir noch wissen müssen. Da wären wir auch schon.« Miss Scallpell schaffte es tatsächlich, auf Anhieb einen Parkplatz ganz in der Nähe des Restaurants zu finden.

Ishy und Margo erwarteten sie bereits. Sie hielten die Plastikplanen auf, unter denen Abend für Abend wartende Gäste Schutz fanden. »Mmh, ich rieche schon das Sushi«, sagte Beth und schnupperte genüsslich.

Ishy schmunzelte. »Dabei haben wir Corned-Beef-Sandwichs aus dem Supermarkt liefern lassen. Nein, war nur ein Witz! Ich habe natürlich beides.«

Sie setzten sich an einen langen Tisch und reichten die Tabletts mit Sandwichs und mit Sushi-Spezialitäten herum.

Margo sprach als Erste. »Einige von euch wissen vielleicht, dass ich an einem städtischen Programm für Führungskräfte teilgenommen habe, bei dem ich Ishy kennen lernte. Was ihr wahrscheinlich nicht wisst, ist, dass Mable dieses Programm gegründet und über lange Zeit geleitet hat.«

Die drei Kollegen von der Station blickten Miss Scallpell mit einer Mischung aus Verwunderung und Hochachtung an.

»Es ist also nicht weiter verwunderlich, dass wir bis heute in Kontakt zueinander stehen, zumal uns beiden sowohl das Good Samaritan als auch Rhonda, meine älteste und beste Freundin, am Herzen liegen. Ich kenne Rhonda seit der ersten Klasse, müsst ihr wissen. Und Ishy und ich möchten gern sicherstellen, dass ihr alle Hilfe bekommt, die ihr braucht. Also, wie machen sich die Teams?«

Ping sah zu den anderen beiden, die ihr zunickten, und begann: »Offen gesagt nicht besonders gut. Wir sehen ja ein, wie wichtig es ist, dass jeder von uns seinen Anteil an der Vision ERKENNT, aber wir sind uns nicht sicher, wie wir anfangen sollen. Vielleicht brauchen wir ein paar Beispiele, damit wir klarer sehen. Was den zweiten Punkt angeht – LEBEN –, haben wir einige Ideen, wie wir ihn den anderen näher bringen, und wir können auch auf Visionsmomente auf unserer Station verweisen. Trotzdem haben wir keine Ahnung, wie wir die anderen dazu bringen sollen, sich aktiv für unsere Sache zu engagieren. Eine detaillierte Beschreibung einzelner Schritte, nach denen wir vorgehen können, wäre sicher nützlich. Ach ja, und das FÖRDERN finden wir ebenfalls ziemlich schwierig. Die meisten Kollegen können mit offenen Gesprächen etwas anfangen, weil in der Pflege viel Wert auf Feedback gelegt wird; Patientenzufriedenheit und medizinische Leistungen werden bereits regelmäßig überprüft und ausgewertet. Wir fragen uns nur, wie wir dieselbe Ehrlichkeit und Offenheit in Gesprächen erreichen wollen, in denen es um unsere Arbeitsweise und unser Verhalten bei der Arbeit geht. Auch hier fänden wir ein paar Beispiele hilfreich.«

Ishy antwortete: »Nach unserem ersten Treffen beschloss Rhonda, die Leute im Krankenhaus dazu zu ermutigen, über ihre Arbeit und das, was sie sich davon erhoffen, zu reden.«

»Ja«, sagte Ping. »Ich erinnere mich daran, dass Rhonda mich eines Tages fragte, ob wir uns über unsere Arbeit unterhalten könnten. Erst dachte ich, ich hätte etwas falsch gemacht. Und dann hat mich dieses Gespräch dazu gebracht, mit Juan zu sprechen. Ich erkannte, dass wir ihn aus lauter Gedankenlosigkeit im Stich gelassen hatten. Wir waren gar nicht auf die Idee gekommen, er könnte ebenso arbeiten wollen wie wir.«

»Und soweit ich weiß, habt ihr nach diesen ersten Gesprächen gesehen, dass alle wieder mit mehr Elan bei der Sache waren.«

»Das war wirklich erstaunlich, wie schnell wir neuen Schwung fanden.«

»Na ja, und auf genau diese natürliche Energie solltet ihr euch verlassen. Sie wird jedes mal freigesetzt, wenn ihr euch ernsthaft darüber unterhaltet, was ihr wollt und worum es euch geht. Ihr braucht keine weiteren Beispiele.«

»Nein?«

»Ich denke nicht. Ihr scheint die Prinzipien verstanden zu haben, und ihr habt gesehen, wie wir hier tun, was wir tun. Jetzt ist die Zeit des Verstehens abgelaufen und die des Handelns angebrochen.«

»Übrigens«, schaltete sich Miss Scallpell ein, »habe ich mit Rhonda gesprochen. Sie möchte wieder dabei sein, fürchtet jedoch, euch möglicherweise damit auszubremsen. Sie ist sehr beeindruckt von der Art, wie ihr drei die Verantwortung übernommen habt und euch verpflichtetet, die Sache weiterzuführen. Deshalb hat sie Angst, sie könnte euch eventuell stören.«

»Stören!«, meinte Ping entrüstet. »Das ist die beste Nachricht, die ich seit Monaten gehört habe. Wir freuen uns, wenn sie sich wieder mehr in das Projekt einschaltet. Doch kommen wir zunächst zurück zum Takara Too: Könnt ihr uns nicht ein paar Tipps geben, wie man die Sache in Gang bringt? Habt ihr vielleicht eine Liste von Dingen, die unbedingt gemacht werden sollten? Ich meine, immerhin entstammen die Ideen eurem Familienunternehmen, oder nicht?«

»Ich würde es anders ausdrücken«, sagte Ishy. »Im Takara wie im Takara Too haben wir lediglich erkannt, wie viel Hingabe eine Vision braucht, wenn sie überleben soll, aber wir haben diese Hingabe nicht erfunden. Die hat es immer schon gegeben, und ihr müsst sie euch zunutze machen, Ping. Wie ihr das macht, solltet ihr vor allem an dem orientieren, wofür das Good Samaritan steht. Natürlich fühle ich mich geschmeichelt, dass ihr unsere Bemühungen hier so hoch schätzt, aber ihr müsst eure eigenen Methoden finden, wie ihr die drei Prinzipien in eurer Welt umsetzt. Uns länger zu beobachten oder unsere Vorgehensweise zu analysieren, lenkt euch nur von eurer eigentlichen Arbeit ab. Eure Aufgabe ist es, das Leben im Good Samaritan mit Hingabe zu füllen.«

»Aber wir wissen nicht, wie wir das anstellen sollen.«

»Weil ihr euch auf Neuland begebt. Eure Ideen mögen so alt sein wie die Zeitzählung, aber die Art, wie ihr sie anwenden wollt, ist brandneu und muss von euch entdeckt werden. Sich auf unbekanntes Terrain zu begeben, erfordert einen gewissen Mut. Wohingegen das Sammeln weiterer Beispiele und Beobachtungen eine natürliche, dafür nicht minder problematische Form der Handlungsverweigerung ist. Das habe ich von dem Philosophen Joseph Campbell gelernt. Er sagte, auch wenn der Pfad, den du vor dir siehst, eingeteilt ist in Schritt Eins, Schritt Zwei und Schritt Drei, weißt du trotzdem nur eines mit Sicherheit: Es ist nicht dein Pfad. Denn der entsteht erst in dem Moment, in dem du handelst. Solange du davor stehst, kannst du sicher sein, dass es der Pfad eines anderen ist. Was du klar erkennst, sind die Schritte eines anderen. Ich habe gelernt, mich für alle Anregungen offen zu halten, die ich aus der Beobachtung anderer gewinne, doch das Letzte, was ich gebrauchen kann, wenn ich selbst aktiv werde, ist eine fremde »Wie ich es anstelle«-Liste. Meinen ersten Schritt muss ich selbst machen. Wir können euch jetzt nur noch Sushi anbieten, denn den ersten Schritt, den ihr ergreifen müsst, gibt es noch nicht. Ihr müsst ihn erfinden.«

Sie saßen noch eine Stunde zusammen und unterhielten sich. Ping, Beth und Chad freundeten sich allmählich mit dem Gedanken an die Aufgabe an, die sie zu bewältigen hatten: den einen Weg zu finden, der ihrer sein konnte.

Anschließend fuhren Ping und Mable mit dem Wagen zurück. Chad und Beth gingen zur U-Bahn, weil sie auf dem Heimweg in Ruhe ihre Notizen vergleichen wollten. Unterwegs fiel Beth eines der Schaufenster auf. Sie blieb stehen und betrachtete die ausgestellten Familienfotos.

Sobald wir die drei Grundprinzipien erfasst haben, müssen wir handeln.

Oft suchen wir nach einem Weg, den andere bereits gegangen sind, und hoffen, er könnte uns an unser Ziel bringen.

In Wahrheit aber müssen wir uns unseren eigenen, neuen Weg freischlagen und uns allein die richtige Richtung suchen. Als Kompass haben wir nichts außer unserem Engagement und unserem Vertrauen.

»Die Menschen haben wohl immer schon versucht, die schönen Momente ihres Lebens festzuhalten. Ich frage mich, was sie gemacht haben, bevor die Fotographie erfunden wurde.«

»Na, sie haben Bilder in die Höhlenwände geritzt. Was ist los, Beth? Du siehst aus, als ginge dir etwas vollkommen anderes durch den Kopf, während du die Fotos anguckst. Woran denkst du?«

Beth erzählte ihm, welche Idee ihr beim Betrachten der Familienfotos gekommen war. Nachdem sie ein paar Minuten darüber gesprochen hatten, stellten sie fest, dass sie vollkommen erschöpft waren, und beschlossen, sich ein Taxi für den Rückweg zu gönnen.

Die Pforte zur persönlichen Verantwortung:

ERKENNEN

An einem Montagmorgen, fünf Wochen nachdem Ishy die Zeit des Handelns für angebrochen erklärt hatte, trat das Für-immer-*FISH!*-Projekt erstmals an die Öffentlichkeit. In der Mitte des sechsten Stocks, wo die drei Flure der Station zusammenliefen und die Fahrstühle ankamen, war ein kleiner Jägerzaun mit eine altmodischen Pforte aufgestellt, an der ein kleines Schild befestigt war: *Pforte zur persönlichen Verantwortung*. Gleich über der Pforte prangte ein größeres Schild, auf dem zwei Fragen standen.

Identifizierst du dich mit der Vision
des Good Samaritan?
Hast du deinen persönlichen Anteil
an dieser Vision erkannt?

Seitlich war ein kleiner Informationsstand aufgebaut – ein Tisch mit einem Stuhl dahinter –, und bei den Fahrstühlen standen Ping und ein Mitglied ihres ERKENNEN-Teams sowie Rhonda und Miss Scallpell. Alle Mitarbeiter, die mit dem Fahrstuhl oder über die Treppe ankamen, wurden mit einem Lächeln begrüßt und erhielten eine Karte und eine kleine Anstecknadel.

Auf der Rückseite der Karte war die letzte Version dessen, wozu sich das Krankenhaus verpflichtet hatte, nebst einigen neuen Textpassagen abgedruckt.

Identifizierst du dich mit der Vision des Good Samaritan?
Hast du deinen persönlichen Anteil an dieser Vision erkannt?

Auf der Rückseite dieser Karte findest du die aktuelle Version dessen, wozu sich das Good Samaritan verpflichtet hat. Es ist eine Darstellung unseres Engagements für bestmögliche Krankenpflege und ein optimales Arbeitsumfeld. Diese Erklärung ist recht allgemein gehalten, damit auch die Gesellschafter und Aktionäre damit etwas anfangen können. Und so überzeugend sie klingen mag, sie bleibt nichts als Druckerschwärze auf weißem Papier, solange DU und ICH nicht unseren Platz innerhalb dieser Vision erkannt haben und ihn mit Leben füllen. Unsere Arbeit und unsere Persönlichkeit machen die Worte lebendig und verleihen ihnen Bedeutung.

Hier im sechsten Stock haben wir eine Arbeitsatmosphäre geschaffen, die heiter, lebendig und teamorientiert ist. Davon haben sowohl die Patienten als auch die Kollegen profitiert. Nun müssen wir entscheiden, ob wir unsere kleine Vision innerhalb der großen Vision am Leben erhalten wollen. Dafür muss jeder Einzelne von uns erkennen, welchen Beitrag er oder sie dazu leisten kann und will. Um das herauszufinden, gibt es nur eine Möglichkeit: das offene Gespräch mit den Kollegen.

Wir hoffen, dass ihr alle euer Engagement für die Vision unter Beweis stellen wollt, indem ihr während der kommenden zwei Wochen mindestens fünf solcher Gespräche führt. Sie werden euch helfen herauszufinden, was euch wichtig ist und wofür ihr eintreten wollt. Unten haben wir ein paar Fragen zusammengestellt, die euch als Ausgangspunkt für das Gespräch mit Kollegen dienen können.

- Sind wir uns während des Arbeitstages bewusst, welche Vision wir leben?
- Welche Erfahrungen streben wir für unsere Patienten und unsere Kollegen an?
- Wie formulierst du deine persönliche Version unserer Ziele?
- Wie können wir uns gegenseitig dabei helfen, am Leben zu erhalten, was wir erreicht haben?

Bis halb neun hatten fast alle aus der Frühschicht die Pforte gesehen, einige hatten damit gespielt, und sie hatten ihre Karte und ihre Anstecknadel bekommen. Als Letzter kam Phil, der Verwaltungsleiter des Krankenhauses.

»Diese Aktion scheint recht wirkungsvoll«, sagte er. »Aber was sollen die Anstecknadeln? Ich dachte, wir wollten uns von den Äußerlichkeiten lösen und die innere Bereitschaft jedes Einzelnen fördern?«

»Tun wir auch«, antwortete Miss Scallpell. »Die kleinen Symbole sind nur ein Anfang, darüber sind wir uns alle im Klaren. Doch ich habe festgestellt, dass Symbole und Rituale wertvolle Hilfsmittel sind, Ideen im Bewusstsein zu verankern. Das entnahm ich einem Artikel in der *Harvard Business Review* über das Ritz-Carlton, in dem ich viele Parallelen zu uns entdeckte. Lass mich dir eine Frage stellen, Phil: Was passiert, wenn ein Patient, ein Angehöriger oder irgendjemand anders, der von draußen kommt, die merkwürdigen Anstecknadeln sieht?«

»Nun, wahrscheinlich wird der Betreffende neugierig sein, was das ist.«

»Genau. Und was passiert, wenn wir anfangen, seine Fragen zu beantworten?«

»Ah, ich verstehe. Indem wir anderen erklären, wofür die Symbole stehen, erläutern wir unsere Einstellung und bestätigen ihm und uns, wozu wir uns verpflichtet haben. Die Anstecknadel soll also nur den Anstoß zum Gespräch geben. Und? Welche Asse habt ihr noch im Ärmel?«

»Wir werden die Pforte ein paar Wochen hier stehen lassen. Und ich habe überlegt, ob wir ein Gesucht/Gefunden-Brett anbringen für diejenigen, die noch nach ihrer persönlichen Version unseres Ideals suchen. Außerdem hat das Planungsteam noch eine nette Idee.«

»Und die wäre?«

»Natürlich die, wohin mit der gestärkten Haube von Miss Scallpell«, sagte Rhonda und zeigte auf den Zaun neben der Pforte, wo Ping, Beth und Chad eine von Mables Hauben über einen extra angeschraubten Haken stülpten. »Sie soll uns daran erinnern, wie viel Miss Scallpell uns hier im sechsten Stock gegeben hat. Ach, haben Sie eigentlich schon mal daran gedacht, eventuell später in den Ruhestand zu gehen, Miss Scallpell?«

Fotographische Erinnerungen:

LEBEN

Handzettel wurden verteilt, auf denen die Mitarbeiter zu einem Wettbewerb eingeladen wurden. Die Regeln waren einfach: Jedes Team bekam eine Pinnwand im Empfangsbereich zugeteilt, wo sie Fotos von Kollegen aufhängen sollten, die sie dabei fotographiert hatten, wie sie die Vision LEBTEN. Die fotographierten Szenen sollten Visionsmomente zeigen, und die Regeln sahen vor, dass die Teams die Pinnwand mit allem dekorieren durften, was ihnen dazu einfiel. Die Fotos sollten nicht gestellt, sondern Schnappschüsse sein, und auf ihnen durften keine Patienten zu sehen sein. Die Teams hatten vier Wochen Zeit, ihre Pinnwände zu gestalten. Anschließend würde eine gewählte Jury von Schwestern und Pflegern anderer Stationen die Ergebnisse beurteilen.

»Die Vision leben«
Ein Wettbewerb

Alle Mitarbeiter des sechsten Stocks sind hiermit eingeladen, an unserem ersten Wettbewerb »Die Vision leben« teilzunehmen, der fortan jährlich stattfinden wird. Sinn dieses Wettbewerbs ist zu zeigen, wie weit sich jeder Einzelne mit unserer Vision identifiziert und seine/ihre Version LEBT. Alle sind herzlich eingeladen, Teams zu bilden und um die Preise zu kämpfen.

Die Aufgabe der Teams besteht darin, spontane Visionsmomente fotographisch festzuhalten. Visionsmomente sind solche Momente, in denen wir unsere Vision vom Good Samaritan LEBEN. Die Bilder dienen als Belege dafür, wie sich jeder

Einzelne und das Team für unsere Ideale engagieren. Die ausgestellten Fotos werden nach Ablauf der vier Wochen von einer unabhängigen Jury ausgewertet. Die genauen Regeln findet ihr auf der Rückseite dieses Handzettels. Bei weiteren Fragen wendet euch bitte an Beth, Durchwahl -6121.
Viel Glück!

Der erste Preis war unten auf dem Zettel abgebildet: ein riesiges Tablett mit verschiedenen Sushi-Spezialitäten, die das Gewinnerteam bekommen sollte.

Die Endausscheidung des LEBEN-Wettbewerbs

Seit der Ankündigung des Wettbewerbs waren vier Wochen vergangen, und der Empfangsbereich im sechsten Stock wimmelte von Menschen. »Hoffentlich kommt jetzt nicht gerade unser Brandschutzexperte vorbei«, sagte Beth lachend zu Juan.

Die Sprecherin der Jury bestieg ein kleines Podest mit Mikrofon, das am Morgen aufgestellt worden war. Alle verstummten und blickten gespannt zum Podest.

»Meine Damen und Herren, ich freue mich, Ihnen die Gewinner des LEBEN-Wettbewerbs präsentieren und den ersten Preis überreichen zu dürfen. Die Aufgabe der Teilnehmer bestand darin, Fotos zu sammeln, auf denen zu sehen ist, wie die Vision des sechsten Stocks von den einzelnen Mitarbeitern und denjenigen, die sie unterstützen, erkannt und gelebt wird. Den Organisatoren des Wettbewerbs ging es in erster Linie darum, Momente einzufangen, in denen wir unsere Vision auf unterschiedliche Weise leben. Wir sprechen hier von Visionsmomenten, die uns allen bewusst machen, wie viele Möglichkeiten sich uns täglich bieten, uns für unsere Ideale zu engagieren und sie lebendig zu halten. Darf ich jetzt bitte den Umschlag haben?«

Margo stieg zu ihr auf das Podest und überreichte ihr einen Briefumschlag.

»Meine Damen und Herren, darf ich vorstellen, Margo Carter, stellvertretende Leiterin der Eastern Bank. Ihre Bank war so freundlich, die Wettbewerbsauswertung im Tresor zu verwahren.«

Allgemeines Kichern folgte, und die Spannung war beinahe mit Händen zu greifen.

»Der zweite Preis geht an das Team des Top-Managements. Die Mitglieder der Jury waren äußerst beeindruckt, wie vieles in der Verwaltungsetage ›spielerisch‹ angegangen wird. Entscheidend für die Preisvergabe waren außerdem Fotos von gemeinsamen Mittagessen der Verwaltungsdirektoren mit Gruppen von Angestellten, denen sie tatsächlich zuhörten. Soweit mir zu Ohren gekommen ist, mussten sie in der Personalcafeteria essen, weil ihr eigener Speiseraum von den Fotosammlungen blockiert war.« Ein kurzes Murmeln und Lachen ging durch den Raum. »Ich bitte um Applaus für unsere Direktoren.«

Phil trat auf das Podest, um den Preis entgegenzunehmen, fasste sich in seiner Dankesrede allerdings bewusst kurz. »Ich möchte Ihre und meine Geduld nicht unnötig strapazieren, da wir alle gespannt sind zu erfahren, wer den ersten Preis bekommen wird. Nur so viel: Der Speiseraum der Verwaltungsetage wird in Kürze wiedereröffnet werden, jedoch nicht in seiner ursprünglichen Form, sondern als Ruheraum für alle Mitarbeiter. Miss Scallpell konnte mich davon überzeugen, dass unsere Ärzte, Schwestern, Pfleger und sonstigen Mitarbeiter einen Raum bräuchten, in den sie sich ab und zu zurückziehen können.« Die Ankündigung wurde mit tosendem Beifall quittiert, und Phils stieg lächelnd wieder hinunter, um sich zu den anderen zu stellen.

»Und nun zum ersten Preis. Diese Entscheidung fiel der Jury besonders leicht. Die Gewinner sind die Schwesternhelfer und die Ernährungsberater des sechsten Stocks. Das Auswahlkomitee war nicht nur von der Bandbreite der Möglichkeiten angetan, die ihr bei eurer Arbeit nutzt, um den Auftrag des Good Samaritan im Sinne unserer Ideale zu erfüllen. Wir waren außerdem begeistert davon, mit welch gutem Beispiel ihr uns allen vorangeht. Eure Fotosammlung dokumentiert fantastisch, welche Hintergrundarbeit ihr für die Patienten und die Mitarbeiter leistet, und mit welchem Engagement ihr bei der Sache seid. Besonders gut haben uns die Fotos von den Essenstellern für die Pädiatrie gefallen, auf denen die Pfannkuchen mit Pokémongesichtern verziert waren. Damit habt ihr eindrucksvoll gezeigt, wie einfach es ist, mit witzigen Ideen und wenig Aufwand den Aufenthalt für unsere kleinen wie großen Patienten angenehmer und heiterer zu gestalten. Ihr habt dem Ausdruck »mit dem Essen spielen« eine völlig neue Dimension verliehen. Wir werden eure Fotos zunächst in unserem Krankenhaus und anschließend in allen Häusern des Good Samaritan herumgehen lassen. Außerdem planen wir, sie zu einem Video zusammenzufassen, das auf den Kinderstationen und unter den Mitarbeitern vorgeführt werden soll. Ein anonymer Spender hat übrigens für jeden von euch einen Präsentkorb gestiftet. Er möchte sich damit bei euch für die wunderbare Pflege seiner Frau bedanken, die als Patientin im sechsten Stock war. Tolle Arbeit!«

FÖRDERN

Das Förderteam unter Chad agierte derweil im Untergrund. Keiner aus der Gruppe sprach über das, was sie taten. Schließlich, zwei Wochen nach der Preisverleihung, erwischte Ping Chad in einer ruhigen Minute, und sprach ihn an.

»Wie läuft es bei euch, Chad?«

»Prima. Schön dich zu sehen, aber ich habe keine Zeit.«

Später versuchte Beth es, erntete jedoch nur ein Achselzucken und ein freundliches »Alles im grünen Bereich«, als sie sich nach den Fortschritten seines Teams erkundigte.

Rhonda, die sich zusehends aktiver für die Teams engagierte, begann, sich Sorgen zu machen. Sie wusste, dass die Aufgabe des dritten Teams ausschlaggebend für das Überleben ihrer Vision war.

An einem Freitagmorgen drei Wochen nach dem Wettbewerb erhielt sie einen Anruf von Miss Scallpell. Sie freute sich, von ihr zu hören, da Miss Scallpell ihr inzwischen zu einer Freundin und Mentorin geworden war, deren bevorstehendem Ruhestand sie bereits jetzt mit Traurigkeit entgegensah. *Was hat sich nicht alles geändert, seit ich sie das erste Mal gesehen habe*, dachte sie lächelnd.

»Rhonda, können Sie bitte kurz in Phils Büro kommen?«

»Natürlich. Was ist denn los?«

»Nichts Besorgniserregendes. Aber kommen Sie doch bitte zu Phil, falls Sie einen Moment Zeit haben, ja?«

»Ich bin gleich da«, sagte Rhonda und machte sich auf den Weg.

»Vielen Dank, dass du gleich gekommen bist«, begrüßte sie Phil, als sie in sein Büro kam, und überreichte ihr einen kleinen Stapel eleganter, handbeschrifteter Karten.

»Chad hat mit seinem Team eine Menge Überstunden gemacht. Sie wussten anfangs nicht recht, wie sie ihre Aufgabe bewältigen sollten«, begann Phil. »Doch ich lasse ihn besser selbst erklären, wie er diese Karte verwenden will.«

»Okay, wir haben Folgendes überlegt«, sagte Chad. »Wenn es

um das gegenseitige Fördern geht, müssen Hierarchien oder Dauer der Betriebszugehörigkeit ignoriert werden. Wir alle tragen dieselbe Verantwortung: uns gegenseitig zu bestmöglicher Arbeit anzuhalten, ohne dass Rang oder Stellung ins Spiel kommen. Und wir alle haben die Wahl, Förderung durch andere anzunehmen oder abzulehnen. Fördern darf kein Egotrip sein, sondern ist die persönliche Verantwortung, die jeder von uns für die Aufrechterhaltung unserer Arbeitsatmosphäre übernimmt. Es soll ein kontinuierlicher Dialog sein, in dem wir Gewonnenes erhalten und nicht nur eine Methode, Gewinne zu erzielen. Wir werden im sechsten Stock mit einer ersten Fördermaßnahme beginnen. Unsere Teammitglieder erhalten eine bestimmte Anzahl Karten und suchen sich jemanden, dem sie erklären, was auf den Karten steht. Diese Person erhält dann alle Karten des Teammitglieds bis auf eine und sucht sich wieder jemandem, dem er oder sie erklärt, was auf den Karten steht, behält eine Karte und gibt die restlichen Karten an die betreffende Person weiter. Bedingung ist, dass immer neue Leute gefunden werden müssen, die noch keine Karte bekommen haben. Am besten liest du dir die Karte einmal durch, um zu sehen, ob du noch irgendwelche Fragen hast.«

FÖRDERN?

Einige nützliche Fragen

- Vertrittst du die Ideale des Good Samaritan und hast du dir schon überlegt, welchen persönlichen Beitrag du zu ihrer Verwirklichung leisten kannst?
- Bist du bereit, konstruktive Kritik von jemandem zu akzeptieren, der dir unter Umständen helfen kann, unsere Vision zu leben?
- Willst du anderen helfen, indem du sie förderst?
- Berücksichtigst du die Rechte jedes Einzelnen, deine Kritik entweder anzunehmen oder abzulehnen?
- Wirst du um Förderung bitten, wenn du sie brauchst?
- Kannst du Beispiele für Förderung aus deinem Arbeitsleben nennen? (Hier sollten beide Gesprächspartner Beispiele anbringen.)
- Möchtest du dich dem Förderteam anschließen?

- Nun bist du dran. Behalte eine Karte und gebe die restlichen an jemand anderen weiter.
- Erzähle deinem Gesprächspartner von deinen bisherigen Erfahrungen im Förderteam und bitte ihn, dasselbe zu tun.

Viel Glück!

Sie machten sich mit den Fragekarten auf in den sechsten Stock, und binnen drei Tagen hatten sämtliche Mitarbeiter eine Karte.

Das Ende?

... und die Vision des Good Samaritan lebt bis heute. Sie lebt in einem Gespräch nach dem anderem, in einem Visionsmoment nach dem anderem und in einem Fördermeeting nach dem anderen. Das Modell, das im sechsten Stock eingeführt wurde, breitete sich über sämtliche Stationen des Krankenhauses und anschließend über alle zugehörigen Häuser des Klinikenverbundes auf. Grundlegende Veränderungen zu bewirken, ist schwierig und überaus befriedigend zugleich. Doch sobald eintritt, wofür wir hart gearbeitet haben, verblasst der Reiz des Neuen allzu schnell und uns erwartet eine weit größere Herausforderung: Veränderungen gegen die Schwerkraft alter Gewohnheiten aufrechtzuerhalten. Dies ist ein Wettkampf, in dem der gewinnt, der am längsten »braucht«. Und die Aufgabe lautet: Sorge dafür, dass Neuerungen BLEIBEN!

ERKENNE
LEBE
FÖRDERE

Und genieße die Erfolge deiner harten Arbeit so lange wie möglich!

Nachwort

Wer heute ins Good Samaritan geht, trifft dort die meisten der hier genannten Personen wieder. Rhonda ist mittlerweile zu einer herausragenden Pflegedienstleiterin aufgestiegen. Sie vermisst Ann immer noch schmerzlich, aber sie weiß zu schätzen, was Ann ihr hinterlassen hat. Rhondas Mitgefühl für die Patienten und die Kollegen ist durch ihre traurigen Erfahrungen gewachsen, und sie bringt sie als ihren persönlichen Beitrag in ihre Arbeit ein. Phil und Madeleine arbeiten gemeinsam in der Leitung des Krankenhausverbundes. Sie besuchen das Good Samaritan regelmäßig mit kleineren Gruppen, teilen allerdings niemals irgendwelche To-Do-Listen aus. Gewöhnlich enden diese Treffen mit Pings Ausspruch: »Auf geht's – Zeit zum Loslegen!«

Wenn die Besucher dann wieder in den Bus steigen und frustriert behaupten, sie bräuchten mehr Beispiele, helfen Madeleine und Phil ihnen, indem sie ihnen gezielt Fragen stellen und Erklärungen entlocken, anhand derer sie ihren eigenen neuen Weg finden können. Die beiden sind inzwischen wahre

Experten im Umgang mit ängstlichen Handlungsverweigerern geworden.

Juan leitet den Pflegedienst im sechsten Stock, und alle Mitarbeiter schätzen seine Fachkenntnis und sein Engagement.

Die Mitarbeiter fahren nach wie vor häufig zusammen ins Takara Too, und hinterher beschweren sich alle darüber, wie lange sie vor dem Restaurant Schlange stehen mussten, bejubeln aber zugleich, wie toll es war, als sie erst mal drinnen waren.

Ach ja, und es hängt ein neues Poster an der Wand im sechsten Stock:

Wir haben erkannt, dass das Geheimnis, die Vision eines idealen Arbeitsumfeldes aufrechtzuerhalten, darin besteht, dass jeder Einzelne von uns die Verantwortung dafür übernimmt und seinen persönlichen Beitrag leistet. Indem jeder von uns seine Rolle erkennt, lebt und im Dialog mit anderen fördert, wird unsere Vision zu einem lebendigen, sich ständig neu erschaffenden Ganzen.

Viele reden davon, wie wichtig es ist, Verantwortung zu übernehmen, doch diese Verantwortung bleibt so lange abstrakt, bis wir handeln. Wir zeigen, dass wir uns unserer Verantwortung für unsere Ziele bewusst sind.

ERKENNEN – LEBEN – FÖRDERN

Widmung

Als ich am 12. November 2000 meine Reisetasche packte, um in die Türkei zu fliegen, erhielt ich den Anruf, vor dem sich alle Eltern am meisten fürchten. Ein Pathologe aus San Bernadino fragte mich, ob ich eine Tochter namens Beth hätte. Ich bejahte und erfuhr von ihm, dass Beth Ann Lundin in den frühen Morgenstunden bei einem Autounfall auf dem Highway zwischen Las Vegas und Los Angeles ums Leben gekommen war. Sie war einunddreißig Jahre alt und lebte ihren Traum in Hollywood, wo sie als Set-Designerin arbeitete. Doch ihr Traum fand in dem Augenblick ein jähes Ende, in dem ein betrunkener Autofahrer die Kontrolle über seinen Wagen verlor. Dieser betrunkene Fahrer fuhr einfach davon, während sie im Straßengraben starb.

In solchen Zeiten braucht man etwas, woran man sich klammern kann: ein Bild, eine Erinnerung, eine Geschichte. All das gab es bei Beth zuhauf. Sie hatte ihr Leben geliebt, und ich weiß unzählige Geschichten von ihr. Für diese Widmung habe ich eine ausgewählt, die während der Trauerfeier erzählt wurde. Es war eine Feier, die ihre Freunde für sie am Playa del Rey in Kalifornien ausrichteten. Als wir uns mit ihren Freunden versammelten, um ihr Leben zu feiern, kam ein junger Mann auf mich zu und stellte sich vor. Er sagte, er hätte nur bei einer kurzen Produktion mit Beth zusammengearbeitet, doch nach den fünf Wochen hatte er das Gefühl gehabt, sie besser zu kennen als viele der Menschen, die seit Jahren seine Kollegen waren. Er meinte, sie hätte damals immer von einem Buch gesprochen, das ihr Vater geschrieben hätte, und dessen Titel irgendwie seltsam war – *FISH!* Nach ihrem Tod hatte er sich das Buch gekauft, und nun wollte er mir sagen, dass Beth die Ideen von *FISH!* wirklich gelebt hatte. Er sagte: »Beth *war FISH!*«

Beths Tod hat eine tiefe Wunde in meinem Herzen und eine große Leere in meinem Leben hinterlassen. Wenn ich Reden halte, trage ich oft das kleine Namensarmband bei mir, das ihr nach der Geburt umgebunden worden war. Mir ist dann, als wäre sie bei mir, als würde ein Teil ihrer übersprudelnden Lebensfreude auf mich abfärben. Beth war ein strahlendes Licht, und in den frühen Morgenstunden kann ich es als Glühen am Horizont sehen. Ja, Beth war *FISH!* Ich liebe dich, Bethy, und du fehlst mir. Du warst meine Lehrerin und meine Inspiration.

S. L. (Dad)

Danksagung

Dies ist unser drittes Buch, und wenn wir eines gelernt haben, dann dass ein Buch zu schreiben immer die gebündelten Anstrengungen eines ganzen Teams erfordert. Unsere Erfahrungen haben uns bescheiden gemacht, und wir sind dankbar dafür, ein Team zu haben, das all die Jahre zusammenhielt und dabei immer stärker wurde. Unser Lektor, Will Schwalbe von Hyperion, ist Weltklasse, und seine Vorschläge und Anregungen sind immer intelligent, fantasievoll und ausgesprochen hilfreich. Natürlich wäre auch er nichts ohne sein Team, zu dem Bob Miller, Ellen Archer, Jane Comins, Michael Burkin, Kiera Hepford, Mark Chair, Sharon Kitter und David Lott gehören. Und wir sollten selbstverständlich auch den beeindruckenden Leuten der AOL Time Warner Book Group Sales Force danken.

Unsere Agentin, Margret McBride, ist zugleich unser größter Fan, und wir lieben sie für ihren Intellekt, ihre Energie und ihren Enthusiasmus. Das gilt ebenso für ihr Team, bestehend aus Donna DeGutis, Renee Vincent und Faye Atchinson.

Wir danken auch dem überaus talentierten Team von ChartHouse Learning – besonders Patrick North für sein großartiges Design und Phil Strand und Betsy Perkins für ihre fantastischen Ideen.

In meinen Gedanken bin ich nach wie vor viel bei David Whyte, dessen melodischer irischer Akzent in meinem Kopf widerhallt, während ich schreibe. Er hat uns freundlicherweise erlaubt, sein Gedicht »Die Reise« in diesen Band aufzunehmen.

Wir drei dürfen uns glücklich schätzen, Ehefrauen zu haben, die uns voller Verständnis durch die Höhen und Tiefen unserer schöpferischen Bemühungen begleiten. Wir danken Gaye Christensen, Mary Paul und Janell Lundin für ihre Liebe und ihre Unterstützung. Sie sind uns von unschätzbarem Wert.

Tragen Sie die FISH!-Philosophie in Ihr Unternehmen

ChartHouse Learning hat mittlerweile eine ganze Sammlung hilfreicher Materialien zusammengestellt, die Ihnen helfen, in Ihrem Arbeitsleben von den Vorzügen der *FISH!*-Philosophie zu profitieren. Dazu zählen die Filme *FISH!*, *FISH!*STICKS und *FISH!*TALES ebenso wie die Bücher und verschiedene Lehrmaterialien. Das gesamte Angebot finden Sie unter:

www.fishphilosophy.com

Hat die *FISH!*-Philosophie Sie bei der Arbeit, in der Schule oder zu Hause inspiriert? Hat sich Ihr Leben durch die *FISH!*-Philosophie verändert? Falls Sie uns eine Geschichte erzählen wollen, wie *FISH!* sich auf Ihr Leben ausgewirkt hat, schreiben Sie sie uns an:

fishtales@charthouse.com

Unser Ziel bei ChartHouse Learning ist es, den Menschen Wege aufzuzeigen, wie sie ihre Erfahrungen – sowohl bei der Arbeit als auch im Privatleben – bewusst nutzen können, um ein zufriedenes und erfülltes Leben zu führen. Falls Sie mehr über ChartHouse Learning wissen möchten, besuchen Sie unsere Website!

www.charthouse.com

FISH!

Sind Sie auf der Suche nach einem Redner?

Falls Sie Interesse haben, einen der Autoren zu einem Gastvortrag in Ihrem Unternehmen oder vor einer Gruppe einzuladen, um mehr über die *FISH!*-Philosophie zu hören, können Sie sie direkt anschreiben und mit ihnen Termine absprechen:

Steve Lundin: steve@charthouse.com

John Christensen: john@charthouse.com

Harry Paul: thepauls@cox.net

oder: speakers@charthouse.com